CHARLES BUKOWSKI

Die schönste Frau in der ganzen Stadt

Stories, Comics und Gedichte

WILHELM HEYNE VERLAG
MÜNCHEN

HEYNE ALLGEMEINE REIHE
Nr. 01/8239

Dieser Titel erschien bereits in zwei Bänden ›Der lange Job‹ (Band Nr. 18/50) und ›Ein Reader‹ (Band Nr. 18/31)

Printed in Germany 1991
Umschlagillustration: Michael Nischke/die KLEINERT, München
Zeichnungen: Stephan Beck, Augsburg
Fotos: Benno Käsmayr, Thomas Höpker, Inter-Topics, Hamburg
Umschlaggestaltung: Atelier Ingrid Schütz, München
Satz: Kort Satz GmbH, München
Druck und Bindung: RMO, München

ISBN 3-453-04850-4

Ich mag Hunde lieber
als Menschen und
Katzen lieber als
Hunde und mich
am liebsten von allen, besoffen
in meiner Unterwäsche
aus dem Fenster schauend.

Charles Bukowski

Inhalt

Ein Dichterleben

Wir steuerten natürlich sofort die Pinte an. Aus den Fenstern hatte man einen freien Blick auf die Start- und Landebahn. Wir setzten uns an die Bar, aber der Barkeeper ignorierte uns. Barkeeper in Flughafen-Pinten sind Snobs, sagte ich mir. Genau solche Snobs wie früher die Gepäckträger auf den Bahnhöfen. Ich sagte zu Garson: »Komm, wir hocken uns an einen Tisch. Hat keinen Zweck, den Kerl anzuschreien. Darauf wartet der doch bloß.« Wir setzten uns an einen Tisch.

Ganoven in teuren Anzügen rings um uns herum, langweilig saturierte Figuren, die an ihren Drinks nippten und sich leise unterhielten, während sie auf ihren Flug warteten. Garson und ich hockten da und sahen hinter den Kellnerinnen her.

»Shit«, sagte Garson, »sieh dir das an – ihr Röcke sind so geschnitten, daß man ihre Reizwäsche sieht.«

»Mhm«, sagte ich.

Wir sahen sie uns an, und jeder gab seinen Senf dazu. Die eine hatte keinen Arsch. Die andere hatte zu dünne Beine. Und beide machten den Eindruck, als seien sie strohdumm und hielten sich für die Größten.

Die ohne Arsch kam zu uns her. »Bestell dir, was du willst«, sagte ich zu Garson. Dann gab ich für mich einen

Scotch & Water in Auftrag. Sie ging an den Tresen und kam mit den Drinks zurück.

Die Preise waren hier nicht höher als in einer normalen Bar, aber da sie mich ihre Reizwäsche so aus der Nähe sehen ließ, mußte ich ihr ein anständiges Trinkgeld geben.

»Hast du Schiß?« fragte Garson.

»Ja«, sagte ich. »Fragt sich bloß, vor was.«

»Ich meine, vor deinem ersten Flug.«

»Das hab ich zuerst auch gedacht. Aber wenn ich mir jetzt dieses Volk hier ansehe, da macht es mir nichts mehr aus.«

»Und die Lesungen?«

»Die Lesungen nerven mich. Stupide Angelegenheit. Als würde man einen Straßengraben ausschaufeln. Man macht's halt, weil man irgendwie überleben muß.«

»Aber wenigstens kannst du dir's selber aussuchen.«

»Nee«, sagte ich, »du hast es dir ausgesucht.«

»Na gut, aber wenigstens machst du's vor einem Publikum, das was dafür übrig hat.«

»Will's hoffen. Ich möchte nicht erleben, daß ich ein Sonett ablasse und dafür gelyncht werde...«

Ich langte unter den Tisch, plazierte mir meine Reisetasche zwischen die Füße, holte die Flasche raus und füllte meinen Drink wieder auf. Ich trank aus, und dann bestellte ich für Garson und mich zwei neue.

Die ohne Arsch hatte Rüschenhöschen an. Ich fragte mich, ob sie darunter noch einen Slip anhatte. Wir tranken aus. Ich gab Garson 5 oder 10 Dollar Benzingeld und wir gingen zum Flugzeug. Kaum hatte ich mir den letzten freien Platz in der hintersten Reihe geklemmt, da rollte der Apparat auch schon an. Das war knapp gewesen.

Es schien sehr lange zu dauern, bis das Flugzeug vom Boden abhob. Auf dem Fensterplatz neben mir saß eine alte Oma. Sie wirkte sehr gelassen, beinahe gelangweilt. Machte vermutlich vier oder fünf Flüge die Woche und betrieb eine Reihe von Bordells, wo sie nach dem Rechten sehen mußte. Ich kam mit meinem Sicherheitsgurt nicht zurecht, aber da sich ringsum niemand wegen ähnlicher Schwierigkeiten beschwerte, ließ ich ihn hängen, wie er war. Aus dem Sitz katapultiert zu werden war weniger peinlich, als die Stewardess zu fragen, wie man das Ding anmachte.

Dann waren wir in der Luft, und ich hatte keine Angstschreie von mir gegeben. Es war ruhiger als eine Fahrt mit dem Zug. Man spürte überhaupt keine Bewegung. Langweilig. Es hatte den Anschein, als hätten wir nur 45 Sachen drauf, so gemächlich zogen die Berge und Wolken an uns vorbei. Zwei Stewardessen liefen auf dem Mittelgang auf und ab und lächelten in einer Tour. Die eine sah gar nicht mal schlecht aus, aber sie hatte enorme Krampfadern an ihrem Hals. Schade. Die andere hatte keinen Arsch.

Wir kriegten was zu essen, und dann wurden die Drinks aufgefahren. Einen Dollar pro Stück. Manche wollten keinen Drink. Komische Arschlöcher. Dann malte ich mir aus, wie es wäre, wenn uns ein Flügel abbrechen würde. Dann müßten die Stewardessen endlich ihr wahres Gesicht zeigen. Die mit den Krampfadern würde mit Sicherheit brüllen wie am Spieß. Und die ohne Arsch – naja, wer weiß. Ich würde mir die mit den Krampfadern schnappen und sie vergewaltigen, während wir unserem Tod entgegenstürzten. Einen auf die schnelle. Auf unserem Höhepunkt, voll im Clinch, würden wir dann da unten zerschellen.

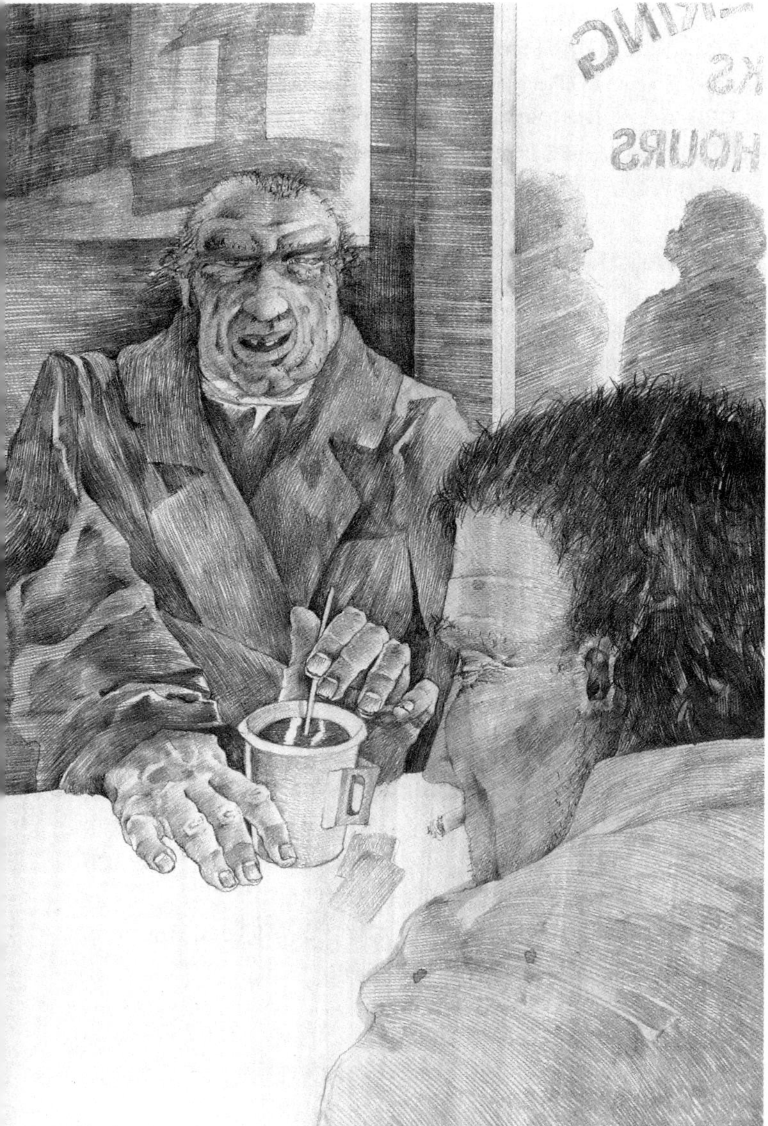

Wir zerschellten nicht. Ich leerte meinen zweiten Drink. Mehr gaben sie einem nicht. Ich genehmigte mir heimlich noch einen aus meiner Flasche, direkt vor den Augen der Oma. Sie zuckte mit keiner Wimper. Aber ich. Ein randvolles Glas. Pur. Ohne Wasser.

Dann waren wir da. Seattle...

Ich ließ erst mal alle aussteigen. Mußte auch. Denn jetzt kriegte ich meinen Gurt nicht mehr *auf*.

Ich rief hinter der mit den Krampfadern her. »Stewardess! Stewardess!«

Sie kam zu mir nach hinten.

»Schauen Sie, es tut mir leid, aber... wie kriegt man dieses verdammte Ding auf...?«

Sie wollte den Verschluß nicht anfassen, wollte nicht mit mir auf Tuchfühlung gehen.

»Drehen Sie ihn um, Sir.«

»Ja? Und?«

»Dann ziehen Sie da hinten dran an dem kleinen Clip...«

Sie ging weg. Ich zog an dem kleinen Clip. Nichts. Ich zog und zog. Herrgottnochmal! ... endlich gab das Ding nach.

Ich griff mir meine Tasche und versuchte mir nichts anmerken zu lassen.

Sie stand am Ausgang und lächelte mir zu. »Wiedersehn, Sir, und beehren Sie uns bald wieder!«

Ich ging die Treppe runter. Unten erwartete mich ein Junge mit langen blonden Haaren.

»Mr. Chinaski?« fragte er.

»Ja. Sind Sie das, Belford?«

»Ich habe mir die Gesichter von den Leuten angesehen...«

»Schon gut«, sagte ich. »Nichts wie weg hier.«

»Wir haben noch ein paar Stunden Zeit bis zur Lesung.«

»Na großartig«, sagte ich.

Sie rissen gerade die ganze Asphaltdecke auf. Man mußte einen Bus nehmen, um auf den Parkplatz zu kommen. Sie ließen einen warten. Eine große Menschenmenge stand da und wartete auf den Bus. Belford machte Anstalten, zu ihnen hinzugehen.

»Halt! Halt!« sagte ich. »Ich kann mich nicht zu all diesen Leuten hinstellen.«

»Die wissen doch gar nicht, wer Sie sind, Mr. Chinaski.«

»Sicher, aber ich weiß, wer sie sind. Bleiben wir lieber hier stehen. Wenn der Bus kommt, rennen wir schnell rüber. Wie wär's inzwischen mit einem Schluck aus der Flasche?«

»Nein danke, Mr. Chinaski.«

»Schau her, Belford, sag einfach Henry zu mir.«

»Ich heiße auch Henry.«

»Ach so, ja. Hab ich ganz vergessen...«

Wir standen da, und ich setzte die Flasche an.

»Da kommt der Bus, Henry!«

»Okay, Henry!«

Wir rannten hin.

Danach beschlossen wir, daß ich ›Hank‹ war und er ›Henry‹. Er hatte einen Zettel mit der Adresse in der Hand. Das Wochenendhäuschen eines Freundes von ihm. Dort konnten wir verschnaufen bis zur Lesung. Sein Freund war gerade nicht da. Die Lesung war erst um 9 Uhr abends. Irgendwie konnte Henry die Bude nicht finden. Es war eine nette Gegend. Und wie. Pinien und Pinien und Seen und Pinien. Gute Luft. Kein Verkehr. Es langweilte mich. Ich hatte keinen Sinn für landschaftliche Reize. ›Ich bin wirklich ein undankbarer

Mensch‹, dachte ich. ›Hier haben wir alles so, wie man sich's wünscht, und ich komm mir vor wie im Knast...‹

»Nette Gegend«, sagte ich. »Aber ich schätze, eines Tages werden sie auch das hier verschandeln.«

»Ja«, sagte Henry. »Du müßtest mal hier sein, wenn Schnee liegt.«

Gott sei Dank, dachte ich, daß mir wenigstens das erspart bleibt...

Belford hielt vor einer Bar. Ich haßte Bars. Ich hatte schon zuviele Storys und Gedichte über Bars geschrieben. Belford dachte, er würde mir einen Gefallen tun.

Bars können einem was geben, bis zu einem gewissen Punkt, dann kann man sie nicht mehr verkraften. Es kommt einem hoch. Leute in Bars waren wie Leute in Billigläden: sie schlugen bloß noch die Zeit tot. Und alles andere.

Ich ging hinter ihm rein. An einem der Tische saßen Leute, die er kannte. Weiß Gott, da hockte ein Professor von irgendeiner Fakultät, und daneben einer von 'ner anderen. Und dies und das. Ein ganzer Tisch. Einige Frauen dabei. Die Frauen hatten Gesichter wie aus Margarine. Alles hockte da und trank giftgrünes Bier aus großen Humpen.

Ein grünes Bier wurde vor mich hingestellt. Ich hob den Humpen, hielt die Luft an und trank einen Schluck.

»Ich habe Ihr Werk schon immer gemocht«, sagte einer der Professoren, »Sie erinnern mich an...«

»Augenblick«, sagte ich, »ich bin gleich wieder da...«

Ich steuerte das Scheißhaus an. Es stank. Logisch. Ein uriges gemütliches Örtchen.

Die ganze Bar kam mir hoch.

Ich hatte keine Zeit mehr, eine Klotür aufzukriegen. Ich mußte in die Pißrinne reihern. Weiter unten stand der Bar Clown. Das Maskottchen mit der roten Mütze. Komischer Witzbold. Scheiße.

Ich kotzte mich aus, warf ihm den schmierigsten Blick zu, den ich draufhatte, und ging wieder raus in die Bar, setzte mich vor mein grünes Bier.

»Sie lesen heute abend im …?« fragte mich jemand.

Ich gab keine Antwort.

»Wir werden alle dort sein.«

»Ich werd wahrscheinlich auch dort sein«, sagte ich.

Mußte wohl. Ich hatte ihren Scheck bereits eingelöst und das Geld ausgegeben. Am nächsten Tag hatte ich woanders eine Lesung. Vielleicht konnte ich die sausen lassen.

Ich wollte nur eins: zurück nach L.A. in meine Bude, die Jalousien dichtmachen, COLD TURKEY trinken und hartgekochte Eier mit Paprika fressen und das Radio anstellen und hoffen, daß sie was von Mahler spielten…

9 Uhr. Belford führte mich rein. Kleine runde Tische, an denen Leute saßen. Eine Bühne.

»Möchtest du, daß ich dich ansage?« fragte Belford.

»Nee.«

Ich fand den Aufgang zur Bühne. Oben standen ein Stuhl und ein Tisch. Ich stellte meine Reisetasche auf den Tisch und fing an auszupacken.

»Ich bin Chinaski«, sagte ich zu ihnen, »und hier hab ich ein Paar Unterhosen und ein Paar Socken und ein Hemd und eine Flasche Scotch und ein paar Gedichtbände.«

Den Scotch und die Bücher ließ ich auf dem Tisch. Ich pellte die Zellophanhülle von der Flasche und genehmigte mir einen Schluck. »Irgendwelche Fragen?«

Es meldet sich niemand.

»Na, dann fangen wir eben an.«

Ich las ihnen erst mal ein paar alte Sachen. Nach jedem Schluck aus der Flasche hörte sich das folgende Gedicht besser an als das vorherige. Fand ich. College-Studenten waren leicht zu bedienen. Sie verlangten nur eins – daß man sie nicht vorsätzlich anlog. Das fand ich ziemlich fair.

Ich brachte die ersten 30 Minuten hinter mich, bat um zehn Minuten Pause, stieg mit meiner Flasche von der Bühne herunter und setzte mich zu Belford und vier oder fünf weiteren Studenten an den Tisch. Ein junges Girl kam an und hatte eines meiner Bücher bei sich. Mein Gott, Baby, dachte ich, dir würde ich sonstwas signieren!

»Mr. Chinaski?«

»Aber sicher«, sagte ich mit einer genialischen Handbewegung. Ich fragte sie nach ihrem Namen. Dann schrieb ich ihr was rein. Darunter malte ich ihr einen nackten Typ, der eine nackte Frau verfolgt. Und das Datum.

»Oh vielen Dank, Mr. Chinaski!«

So einfach war das also? Was'n Haufen Bullshit.

Ein Kerl setzte gerade meine Flasche an. Ich nahm sie ihm weg. »Hör mal, du Wichser, das ist jetzt schon dein zweiter Schluck aus meiner Flasche. Ich habe da oben nochmals 30 Minuten zu schwitzen. Lang mir bloß die Flasche nicht mehr an!«

Ich nahm einen kräftigen Schluck und stellte die Flasche vor mich hin.

»Wenn jemand die Schriftstellerei als Beruf ausüben möchte, würden Sie ihm dazu raten?« wollte einer der Studenten wissen.

»Soll das ein Witz sein?« fragte ich.

»Nein, nein, im Ernst: würden Sie ihm dazu raten?«

»Schreiben ist kein Beruf, für den du dich entscheiden kannst. Es muß sich für dich entscheiden.«

Damit war ich ihn los. Ich goß mir noch einen hinter die Binde und kletterte wieder auf die Bühne. Die Sache, auf die es mir wirklich ankam, hob ich mir immer für den Schluß auf. Das hier war meine erste Lesung in einem College, aber als Training hatte ich in Los Angeles schon zwei besoffene Auftritte in einem Buchladen absolviert. Das Beste immer ganz zuletzt. So wie man's als Kind auch beim Essen gemacht hatte.

Ich trug die Dinger vor und klappte die Gedichtbände zu. Der Beifall überraschte mich. Er war laut und anhaltend. Es war mir peinlich. So gut waren die Gedichte nun auch wieder nicht. Aber wahrscheinlich galt der Beifall nicht meinen Gedichten, sondern der Tatsache, daß ich es durchgestanden hatte...

Einer der Professoren gab anschließend bei sich zu Hause eine Party. Er sah genau wie Hemingway aus. Natürlich, Hemingway war tot. Der Professor war auch ziemlich tot. Er redete von nichts als Schreiben und Literatur. Lauter unsägliches ödes Zeug. Egal, wo ich hinging – er hing an mir dran wie eine Klette. Nur bis ins Scheißhaus verfolgte er mich nicht. Aber ansonsten brauchte ich mich nur umzudrehen, und da war er –

»Ah, Hemingway! Ich hab immer gedacht, Sie wären tot!«

»Wußten Sie schon, daß Faulkner auch ein schlimmer Trinker war?«

»Yeah.«

»Was halten Sie von James Jones?«

Der alte Junge war krank. Er konnte einfach nicht damit aufhören.

Irgendwo entdeckte ich Belford. »Hör zu, Kid, der Kühlschrank ist leer. Dieser Hemingway hier ist verflucht knauserig...« Ich gab ihm 20 Dollar. »Kennst du hier jemand, den wir losschicken können, damit er uns wenigstens noch ein paar Flaschen Bier holt?«

»Ja, ich weiß einen.«

»Also, dann los. Und ein paar Zigarren.«

»Was für 'ne Sorte?«

»Egal. Billige. 10 oder 15 Cents.«

Es waren zwanzig oder dreißig Leute da, und ich hatte den Kühlschrank schon einmal aufgefüllt. Tja, dachte ich, jetzt weiß ich auch, wie *dieses* Scheißspiel läuft...

Ich sah mir die Frauen durch und suchte mir die heraus, die am besten aussah. Ich wollte ihr einen Grund geben, mich zu hassen. Sie saß in der Frühstücksnische. Allein.

»Baby«, sagte ich, »dieser verdammte Hemingway ist ein kranker Mann.«

»Ich weiß«, sagte sie.

»Ich meine, er versucht nett zu sein und alles, aber er kann einfach die Literatur nicht unter Verputz lassen. Gott, wie mich dieses Thema ankotzt! Weißt du, daß ich noch nie einen Schreiber getroffen habe, den ich ausstehen konnte? Lauter verkümmerte Wichtel, durch die Bank, der Abschaum der Menschheit...«

»Ich weiß«, sagte sie, »ich weiß...«

Ich drehte ihr den Kopf herum und küßte sie. Sie wehrte sich nicht. Hemingway sah uns und ging ins andere Zimmer. Hey! Der alte Junge konnte ja richtig *cool* sein! Bemerkenswert!

Belford kam mit dem Zug zurück, und ich packte eine Batterie Bierflaschen vor uns auf den Tisch und laberte drauflos und küßte und befummelte die Dame stundenlang. Daß sie Hemingways Frau war, merkte ich erst am nächsten Tag...

Ich erwachte in einem Bett, allein, irgendwo in einer zweiten Etage. Wahrscheinlich befand ich mich noch immer im Haus von Hemingway. Ich war elend verkatert, mehr als üblich. Ich drehte das Gesicht zur Wand, weg von den Sonnenstrahlen, und machte die Augen zu. Jemand rüttelte mich.

»Hank! Hank! Wach auf!«

»Shit. Laß mich in Ruh.«

»Wir müssen sofort los. Deine Lesung ist um 12. Es ist 'ne lange Fahrt. Wir können es nur knapp schaffen.«

»Ach, lassen wir's doch einfach sausen.«

»Wir müssen hin. Du hast einen Vertrag unterschrieben. Sie erwarten dich. Sie haben sogar was mit dem Fernsehen arrangiert.«

»Fernsehen?«

»Ja.«

»Großer Gott, und wenn ich vor der Kamera kotzen muß...?«

»Hank, wir müssen da einfach hin.«

»Ja, ja. Schon gut.«

Ich stieg aus dem Bett und sah ihn an. »Belford, du bist schwer in Ordnung. Du kümmerst dich um mich, du erträgst meinen ganzen Scheiß. Warum wirst du nicht mal sauer und fluchst auf mich oder sowas?«

»Weil ich auf keinem Dichter von heute so steh wie auf dir.«

Ich mußte lachen. »Gott, wahrscheinlich könnt ich sogar meinen Pimmel rausholen und dich vollpissen...«

»Nee«, sagte er, »mich interessiert nicht deine Pisse, sondern das, was du schreibst.«

So, da hatte er mir's aber richtig gegeben. Ich freute mich für ihn. Ich zog mir an, was ich anzuziehen hatte, und Belford half mir die Treppe runter. Unten trafen wir Hemingway plus Frau.

»Mein Gott, Sie sehen ja fürchterlich aus!« sagte Hemingway.

»Tut mir leid, das mit gestern abend, Ernie. Ich hatte keine Ahnung, daß sie Ihre Frau ist...«

»Vergessen Sie's«, sagte er. »Wie wär's mit 'nem Schluck Kaffee?«

»Gern«, sagte ich, »irgendwas könnt ich schon gebrauchen.«

»Und einen Happen zu essen?«

»Nein danke, ich esse nie was.«

Wir saßen schweigend da und tranken unseren Kaffee. Dann sagte Hemingway etwas. Ich weiß nicht mehr, von was er sprach. James Joyce, glaube ich.

»Verflucht noch mal!« sagte seine Frau, »kannst du nicht *endlich* mal damit aufhören?«

»Hör mal, Hank«, sagte Belford, »wir sollten uns lieber auf die Socken machen. Es ist 'ne lange Fahrt.«

»Okay«, sagte ich.

Wir standen auf. Ich schüttelte Hemingway die Hand.

»Ich bringe Sie noch an den Wagen«, sagte er.

Belford und H. gingen zur Tür. Ich wandte mich zur Dame des Hauses um.

»Wiedersehn«, sagte ich.

»Wiedersehn«, sagte sie. Und dann gab sie mir einen Kuß. So war ich noch nie geküßt worden. Sie legte alles rein. Es war stärker als ein Fick.

Dann ging ich zu den anderen hinaus. Hemingway und ich schüttelten uns noch einmal die Hand. Dann fuhren wir los, und er ging wieder rein zu seiner Frau...

»Er hält Vorlesungen über Literatur«, sagte Belford.

»Yeah«, sagte ich.

Mir war kotzelend. »Ich weiß nicht, ob ich das schaffe. Außerdem, eine Lesung um 12 Uhr mittags ist sowieso für die Katz.«

»Aber da haben die meisten Studenten Zeit.«

Wir fuhren drauf zu, und jetzt war mir klar, daß es kein Entrinnen gab. Es gab immer etwas, das unbedingt sein mußte, und wenn man's nicht machte, wurde man von der Liste gestrichen. Es war eine unbequeme Tatsache, aber ich hakte sie im Geiste ab und fragte mich, ob ich da jemals wieder rauskommen würde.

»Du siehst nicht so aus, als ob du's schaffen wirst«, sagte Belford.

»Halt irgendwo an, damit wir uns eine Flasche Scotch besorgen können.«

Er hielt vor einem dieser komisch aussehenden Läden, die sie da oben im Bundesstaat Washington haben. Ich erstand eine halbe Flasche Wodka, um mich wieder in Form zu bringen, und eine ganze Flasche Scotch für die Lesung. Belford sagte, das College sei ziemlich spießig, und ich sollte mir für den Scotch lieber eine Thermosflasche kaufen. Also kaufte ich mir eine Thermosflasche.

Wir hielten irgendwo zum Frühstücken. Nettes Lokal, aber die Girls ließen keine Reizwäsche sehen.

Gott, überall waren Frauen, und mehr als die Hälfte von ihnen sah gut genug aus, um sie zu ficken, aber man konnte nichts machen – man konnte sie nur ansehen. Wer hatte das nur so blödsinnig eingerichtet? Im Grunde sahen sie alle ziemlich gleich aus – wenn man hier einen Fettwulst übersah und dort einen zu platten Hintern –, wie lauter Mohnstauden auf einem Feld. Für welche sollte man sich entscheiden? Oder welche würde sich für dich entscheiden? Egal, es war ein einziges Trauerspiel. Und wenn man sich entschieden hatte, dann klappte es ja doch nie. Keiner hatte damit Glück, da konnten sie einem erzählen, was sie wollten.

Belford bestellte uns warme Semmeln und Spiegeleier, schwach angebraten.

Eine Kellnerin. Ich sah mir ihren Busen an, ihre Hüften und Lippen und Augen. Armes Ding. Armes Ding, ja Scheiße... sie dachte wahrscheinlich nur an eins: wie sie irgendeinen armen Wicht um seinen letzten roten Heller bringen konnte.

Es gelang mir, die meisten Brötchen runterzukriegen, und dann saßen wir wieder im Auto.

Belford kannte nur ein Ziel: die Lesung. Er war ein gewissenhafter junger Mann.

»Der Typ, der gestern zweimal aus deiner Flasche getrunken hat...«

»Yeah. Der war anscheinend scharf auf 'ne Abreibung.«

»Sie haben alle Angst vor ihm. Er ist vom College geflogen, aber er hängt einfach weiter rum. Er ist ständig auf LSD. Er hat 'ne Macke.«

»Mir scheißegal, Henry. Man kann mir meine Weiber ausspannen, aber an meinen Whisky soll sich keiner vergreifen.«

Wir hielten irgendwo zum Tanken, dann ging's weiter. Ich füllte den Scotch in die Thermosflasche um, und den Wodka versuchte ich in mich reinzukriegen...

»Jetzt sind wir bald da«, sagte Belford. »Schau mal, die Türme vom Campus kann man schon sehen.«

Ich sah hin und mußte prompt meinen Kopf aus dem Fenster hängen und kotzen. Der Kotter lief in Schlieren an Belfords schönem roten Wagen entlang. Er fuhr ungerührt weiter. Irgendwie hatte er das Gefühl, als könnte ich's schaffen, als sei das Kotzen nichts weiter als eine scherzhafte Einlage. Es kam mir wieder hoch.

»Sorry«, konnte ich gerade noch sagen.

»Macht nichts«, meinte er. »Wir haben noch fünf Minuten bis 12. Ich bin froh, daß wir's gepackt haben.«

Wir parkten. Ich griff mir meine Reisetasche, stieg aus, kotzte auf den Parkplatz.

Belford war schon einige Schritte weiter.

»Langsam«, sagte ich, »Augenblick noch.«

Ich hielt mich an einem Laternenpfahl fest und würgte noch eine Ladung raus. Ein paar Studenten kamen vorbei und sahen zu mir her: was hat denn der alte Knacker da?...

Ich ging hinter Belford her, dahin und dorthin, den Weg da rauf, den da runter. Die Amerikanische Universität – 'ne Menge Ziersträucher und Wege und Bullshit. Ich sah meinen Namen auf einem Plakat – HENRY CHINASKI, DICHTERLESUNG IM...

Das bin ich, dachte ich. Fast mußte ich lachen. Man schob mich in irgendeinen Saal rein. Überall Leute. Kleine weiße Gesichter. Kleine weiße Pfannkuchen.

Sie setzten mich auf einen Stuhl.

»Sir«, sagte der Typ hinter der Fernsehkamera, »fangen Sie erst an, wenn ich die Hand hebe.«

Is recht, dachte ich. Ich werd anfangen zu kotzen.

Ich suchte nach ein paar Gedichtbänden, murkste herum. Dann fing Belford an, ihnen einiges über mich zu erzählen... und wie großartig es für ihn sei, mit mir durch den großen Nordwesten zu tigern, immer am Pazifik lang...

Der Typ hob die Hand.

Ich fing an. »Mein Name ist Chinaski. Das erste Gedicht nennt sich…«

Nach 3 oder 4 Gedichten begann ich, an der Thermosflasche zu nuckeln. Vereinzeltes Gelächter im Publikum. Mir war es egal, worüber sie lachten. Ich kippte noch einiges aus der Thermosflasche und begann zu relaxen. Diesmal gab es keine Pause. Ich schaute hoch und sah mich in einem Monitor. Ich merkte, daß ich seit einer halben Stunde eine Haarsträhne ins Gesicht hängen hatte, die sich auf meiner Nase kringelte. Das fand *ich* nun irgendwie erheiternd. Ich wischte das Ding weg und machte mich wieder an die Arbeit.

Dann war die Vorstellung vorbei. Ich schien noch einmal davongekommen zu sein. Der Beifall war gut, wenn auch nicht so gut wie der vom Tag zuvor. Na, was soll's, Hauptsache, ich komm hier wieder lebend raus.

Einige hatten Bücher von mir dabei und wollten Autogramme. Mhm, dachte ich, so läuft sie also, diese beschissene Tour.

Jetzt war nicht mehr viel zu tun. Ich unterschrieb was und kriegte meine hundert Mäuse und wurde dem Dekan der literaturwissenschaftlichen Abteilung vorgestellt. Es war eine Dame. Nichts als Sex. Dich leg ich auf die Matratze, dachte ich. Sie sagte, sie würde vielleicht rauskommen zu diesem Bungalow in den Bergen – Belford wohnte da –, aber sie hatte meine Gedichte gehört, und da tat sie's dann natürlich nicht.

Na gut, das Ding war gelaufen. Zurück in meinen verschimmelten Hinterhof, zurück in den Wahnsinn. Aber wenigstens war es meine Sorte von Wahnsinn.

Belford und ein Freund von ihm fuhren mich raus zum Flughafen und wir hockten uns in die Bar. Ich zahlte für die Drinks.

»Komisch«, sagte ich, »ich dreh wohl langsam durch: ich höre dauernd meinen Namen...«

Ich hatte mich nicht geirrt. Als wir unten aufs Vorfeld rauskamen, hob meine Maschine gerade ab. Ich mußte zurück an die Schalter und mich in diesem Nebenraum belehren lassen. Ich kam mir vor wie ein Schuljunge.

»Also gut«, hieß es schließlich, »wir setzen Sie in die nächste Maschine. Aber sehen Sie zu, daß Sie die dann auch erwischen.«

»Besten Dank«, sagte ich. Der Typ sagte was ins Telefon, und ich ging wieder in die Bar und bestellte eine neue Runde.

»Alles geritzt«, sagte ich zu den beiden Jungs, »sie setzen mich in die nächste Maschine.«

Dann kam mir der Gedanke, daß ich den nächsten Flug vielleicht nie packen würde... und immer wieder bei diesem Typ am Schalter antanzen müßte. Und jedesmal würde es ein bißchen schlimmer sein: er noch wütender, ich noch penetranter mit meinen Entschuldigungen. Es konnte passieren. Belford und sein Freund würden verschwinden. Andere würden kommen. Man würde anfangen, eine kleine Sammlung für mich zu veranstalten...

»Mammi, was ist eigentlich mit Daddy passiert?«

»Der blieb in 'ner Bar im Flughafen von Seattle hängen und verpaßte immer wieder seinen Flug nach Los Angeles, und dabei isser dann gestorben.«

Ihr werdet es nicht für möglich halten, aber ich schaffte diesen zweiten Flug nur ganz knapp. Ich saß kaum auf meinem Platz, da rollte die Maschine schon an. Ich konnte das nicht verstehen. Warum war das so schwer? Na jedenfalls, ich war an Bord. Ich schraubte die Flasche auf. Die Stewardess erwischte mich dabei.

Gegen die Vorschriften. »Sir, Sie wissen, daß wir Sie dafür raussetzen können.« (Der Käpt'n hatte gerade verkündet, daß wir eine Flughöhe von 50000 Fuß erreicht hatten...)

»Mammi, was ist eigentlich mit Daddy passiert?«

»Er war ein Dichter.«

»Was ist ein Dichter, Mammi?«

»Er hat gesagt, er weiß es selber nicht. Und jetzt kommt, wasch dir die Hände, das Essen ist fertig.«

»Er hat's selber nicht gewußt?«

»Ganz recht. Er hat's selber nicht gewußt. Also komm jetzt, wasch dir endlich die Hände...«

Die Große Zen-Hochzeit

Ich hockte auf dem Rücksitz, eingeklemmt zwischen den rumänischen Broten, Leberwürsten, Bier, Softdrinks; ich hatte eine grüne Krawatte um, die erste Krawatte seit dem Tod meines Vaters vor zehn Jahren. Jetzt sollte ich Trauzeuge sein bei einer Zen-Hochzeit. Hollis fuhr 130, und Roy's vier Fuß langer Bart wehte mir ins Gesicht. Es war mein 62er Comet, nur, ich konnte ihn nicht selber fahren – keine Haftpflicht, zwei Verurteilungen wegen Trunkenheit am Steuer, und schon wieder halb besoffen. Hollis und Roy hatten die letzten drei Jahre unverheiratet zusammengelebt, wobei sich Roy von Hollis aushalten ließ. Ich hockte also auf dem Rücksitz und lutschte an meinem Bier. Roy erläuterte mir die Zusammensetzung der Hollis-Familie, in allen Einzelheiten. Roy hatte mehr so den intellektuellen Scheiß drauf. Und die größere Zungenfertigkeit: die Wände ihrer Wohnung waren tapeziert mit Fotos von Typen, die sich mit den Gesichtern in Berge von Schamhaar reinwühlen und lutschen. Es gab auch einen Schnappschuß von Roy, auf dem zu sehen war, wie er sich gerade ne Portion Saft abwichste. Roy hatte die Aufnahme selber gemacht. Ich meine, die Kamera ausgelöst. Selber. Mit ner Schnur. Oder Kabel. Irgend sowas. Roy behauptete, er hätte sich sechs Mal einen runterwichsen müssen, bis die Aufnahme endlich klappte. Die Arbeit eines ganzen Tages. Und da hing es nun, eine milchige Ejakulation – ein Kunstwerk.

Hollis fuhr vom Freeway runter. Kurz danach waren wir da. Manche von den Reichen haben vor dem Haus eine Auffahrt, die eine ganze Meile lang ist. Die hier war eine Viertelmeile lang. Auch nicht schlecht. Wir stiegen aus. Tropischer Garten. Vier oder fünf Hunde. Große schwarze zottige stupide Biester, denen der Sabber aus dem Maul lief. Wir kamen gar nicht erst zur Tür rein – denn da stand er, der Reiche, auf der Veranda, sah zu uns runter, Drink in der Hand. Und Roy brüllte: »Oh Harvey! Du Bastard! Wie gut, dich zu sehn!«

Harvey lächelte sein kleines Lächeln. »Wie gut, dich zu sehn, Roy.«

Einer von den großen schwarzen Zotties nagte an meinem linken Bein. »Ruf deinen Hund zurück, Harvey, Bastard, gut dich zu sehn!« brüllte ich.

»Artistoteles! Nun LASS das aber!«

Artistoteles ließ von mir ab, gerade noch rechtzeitig.

Und.

Wir latschten die Treppen rauf und runter und schleppten die Fressalien rein. Salami, Ungarische Katzenfische in saurer Marinade, Krabben, Langustenschwänze. Laugenhörnchen. Taubenärsche mit Pfefferminzgeschmack.

Schließlich hatten wir den ganzen Kram drin. Ich setzte mich und griff mir ein Bier. Ich war der einzige mit ner Krawatte. Ich war auch der einzige, der ein Hochzeitsgeschenk mitgebracht hatte. Ich ließ es zwischen der Wand und meinem von Aristoteles angenagten Bein unauffällig zu Boden gleiten.

»Charles Bukowski...«

Ich stand auf.

»Oh, Charles Bukowski!«

»Mhm.«

Dann:

»Das ist Marty.«

»Hallo, Marty.«

»Und das ist Elsie.«

»Hallo, Elsie.«

»Ist das *wahr*«, fragte sie, »daß Sie Möbel und Fenster zertrümmern, sich die Hände aufschneiden und all solche Sachen, wenn Sie betrunken sind?«

»Mhm.«

»Sie sind 'n bißchen alt für sowas.«

»Also hör mal, Elsie, komm mir hier nicht mit solchem Scheiß...!«

»Und das ist Tina.«

»Hallo, Tina.«

Namen! Mit meiner ersten Frau war ich zweieinhalb Jahre verheiratet gewesen. Eines Abends kamen ein paar Leute zu Besuch. Die stellte ich meiner Frau damals so vor: »Das ist Louie, der Schlappschwanz; und das is Marie, die kaut einen in 10 Sekunden ab; und das is Nick, der bringt jede Nummer nur halb, dann springt er ab.« Und dann mußte ich denen meine Frau vorstellen: »Das ist meine Frau... das ist meine Frau... das ist...« Schließlich mußte ich ihr in die Augen sehen und sie fragen: »LECK MICH AM ARSCH, WIE HEISST DU EIGENTLICH?«

»Barbara.«

»Also das ist Barbara«, sagte ich dann...

Der Zen-Meister war noch nicht da. Ich saß rum und lutschte an meinem Bier.

Dann kamen *noch* mehr Leute rein. Eine ganze Prozession, die Treppe rauf. Die ganze Hollis-Familie. Roy schien keine Familie zu haben. Armer Roy. Nie auch nur einen Tag was gearbeitet, in seinem ganzen Leben. Ich holte mir noch ein Bier.

Sie kamen die Treppe rauf. Typen mit Vorstrafenregister, Spieler, Krüppel, Dealer aus diversen zwielichtigen Branchen. Familienmitglieder und Freunde. Zu Dutzenden. Keine Hochzeitsgeschenke. Keine Krawatten.

Ich drückte mich tiefer in meine Ecke rein.

Ein Typ war ziemlich übel zugerichtet. Er brauchte 25 Minuten, um die Treppe raufzukommen. Er ging an Krücken, Sonderanfertigung, sahen sehr stark aus, die Dinger. Runde Metallstützen für die Ellbogen. Spezialgriffe hier und da. Aluminium und Hartgummi. Kein Holz für dieses Baby. Ich konnte mirs denken: entweder er hatte verwässerten Stoff gedealt oder seine Lieferanten mit dem Geld reingelegt. Wahrscheinlich hatten sie ihn unter Beschuß genommen, als er beim Barbier auf dem Stuhl saß, mit den heißen feuchten Kompressen auf der Visage. Nur hatten sie dabei ein paar lebenswichtige Organe verfehlt.

Weitere kamen an. Einer unterrichtete in Los Angeles an der Universität. Ein anderer schmuggelte mit chinesischen Fischkuttern irgendwelchen Shit über den Hafen von San Pedro rein.

Man stellte mich den größten Killern und Dealern des Jahrhunderts vor.

Ich dagegen bezog gerade mal wieder Arbeitslosenunterstützung.

Dann kam Harvey zu mir her.

»Bukowski, wie wärs mit 'm bißchen Scotch and Water?«

»Klar, Harvey, klar.«

Wir marschierten in Richtung Küche.

»Wozu hast du ne Krawatte um?«

»Der Reißverschluß von meiner Hose ist futsch. Und meine Unterhosen sind zu eng. Das Ende vom Schlips muß mir notfalls die verstunkenen Schamhaare abdekken.«

»Für mich bist du der Meister der modernen Short-Story. Keiner kann dir das Wasser reichen.«

»Klar, Harvey. Wo ist der Scotch?«

Harvey zeigte mir die Flasche.

»Die Sorte trink ich jetzt immer, nachdem du sie in deinen Stories so oft erwähnt hast.«

»Aber ich hab inzwischen die Marke gewechselt, Harv. Hab 'n besseren Stoff entdeckt.«

»Wie heißt er?«

»Verdammt, fällt mir im Moment nicht ein.«

Ich fand ein großes Wasserglas und goß es mir voll, halb Scotch, halb Wasser.

»Für die Nerven«, sagte ich zu ihm, »verstehtst du?«

»Klar, Bukowski.«

Ich trank es in einem Zug runter.

»Noch ne Füllung?«

»Klar.«

Ich nahm das Glas in die Hand, ging damit ins vordere Zimmer, hockte mich in meine Ecke. Mittlerweile gab es neue Aufregung: Der Zen-Meister war EINGETROFFEN!

Der Zen-Meister hatte sehr exotische Klamotten an und kniff die Augen zusammen. Oder vielleicht waren sie so von Natur aus. Der Zen-Meister brauchte Tische. Roy lief rum und suchte nach Tischen.

Währenddessen stand der Zen-Meister sehr relaxed rum. Er war die Ruhe selbst. Ich goß meinen Drink run-

ter, ging rein und besorgte mir einen neuen, kam wieder zurück.

Ein Kind mit goldblonden Haaren rannte auf mich zu. Ungefähr elf Jahre alt.

»Bukowski, ich hab ein paar von deinen Stories gelesen. Also *ich* finde, du bist der größte Schriftsteller, den ich je gelesen habe!«

Lange blonde Locken. Brille. Schmächtiger Körper.

»Okay, Baby. Ich warte, bis du alt genug bist. Dann heiraten wir. Und leben von deinem Geld. Ich werd langsam müde. Du kannst mich dann rumzeigen in einem gläsernen Käfig mit kleinen Luftlöchern drin. Hab auch nichts dagegen, wenn die jungen Boys bei dir drübersteigen. Ich werd sogar zusehen.«

»Bukowski! Bloß weil ich lange Haare hab, denkst du, ich bin ein Mädchen?! Ich heiße Paul! Man hat uns vorgestellt! Erinnerst du dich nicht mehr?«

Pauls Vater, Harvey, sah zu mir herüber. Mit so einem Blick in den Augen. Da wußte ich, daß er beschlossen hatte, ich sei doch kein so guter Schriftsteller. Vielleicht sogar ein schlechter. Naja, die beste Tarnung kriegt mal Löcher.

Aber der kleine Boy war in Ordnung. »Das macht nichts, Bukowski! Du bist trotzdem der größte Schriftsteller, den ich je gelesen habe! Ein *paar* von deinen Stories hat mich Daddy lesen lassen...«

In diesem Augenblick gingen schlagartig die Lichter im Raum aus. Das hatte er nun von seinen großen Worten...

Aber überall kamen jetzt Kerzen zum Vorschein. Alles rannte rum, suchte Kerzen und steckte sie an.

»Shit, is bloß ne durchgebrannte Sicherung«, sagte ich. »Schraubt ne neue rein.«

Jemand sagte, es sei nicht die Sicherung, es sei was anderes. Da gab ich auf. Und während sie überall ihre Kerzen anmachten, ging ich in die Küche, um mir noch einen Scotch zu holen. Shit – da stand Harvey...

»Hast 'n fabelhaften Sohn, Harvey. Dein Boy, Peter...«

»Paul.«

»Sorry. 'n biblischer Versprecher.«

»Verstehe.«

(Die Reichen verstehen alles; bloß tun sie nichts dagegen.) Harvey entkorkte eine neue Flasche. Wir unterhielten uns über Kafka. Dos Passos. Turgenjew. Gogol. 'n Haufen müde Scheiße. Dann flackerten schließlich überall die Kerzen. Der Zen-Meister wollte endlich anfangen. Roy hatte mir die beiden Trauringe anvertraut. Ich checkte. Sie waren noch da. Alles wartete auf uns. Ich wartete darauf, daß Harvey aus den Latschen kippte. Nach all dem Scotch, den er intus hatte. Ich wartete vergeblich. Für jeden Drink, den ich kippte, hatte er sich zwei reingeschüttet, und er stand immer noch aufrecht. Sowas passiert mir nicht oft. In den zehn Minuten, die der Budenzauber mit den Kerzen gedauert hatte, war unsere Flasche halb leer geworden. Wir gingen hinaus zu den Gästen. Ich drückte Roy die Ringe in die Hand. Roy hatte dem Zen-Meister schon Tage zuvor beigebracht, daß ich ein Säufer war, unzuverlässig, jähzornig, schwaches Herz usw. – deshalb dürfte man den Trauzeugen Bukowski während der Zeremonie nicht nach den Ringen fragen, denn er sei möglicherweise nicht ganz da. Oder er würde anfangen zu kotzen, oder die Ringe verlieren, oder sich selber.

Jetzt gings also endlich los. Der Zen-Meister begann in seinem kleinen schwarzen Buch zu blättern. Es sah nicht allzu dick aus. Um die 150 Seiten würde ich sagen.

»Ich bitte darum«, sagte der Zen, »daß während der Zeremonie nicht getrunken und nicht geraucht wird.«

Ich leerte mein Glas. Ich stand rechts neben Roy. Überall um mich herum wurden die Gläser geleert.

Dann leistete sich der Zen-Meister ein kleines beknacktes Lächeln.

Wie eine christliche Hochzeitszeremonie ablief, wußte ich aus eigener trauriger Erfahrung. Und die Zen-Zeremonie war eigentlich ziemlich das gleiche, nur kam noch eine Portion Tinnef dazu. Irgendwann wurden drei kleine Räucherstäbchen angezündet. Zen hatte eine ganze Schachtel von den Dingern – zwei- oder dreihundert. Eins der Stäbchen wurde in die Mitte eines mit Sand gefüllten Kruges gesteckt. Das war das Zen-Stäbchen. Dann mußte Roy sein brennendes Räucherstäbchen rechts davon einstecken, und Hollis ihres links davon.

Aber irgendwas stimmte daran nicht ganz. Der Zen-Meister, mit seinem kleinen Lächeln im Gesicht, mußte sich vorbeugen und die Dinger auf gleiche Höhe bringen.

Dann brachte er eine braune Perlenschnur zum Vorschein und überreichte sie Roy.

»Jetzt?« fragte Roy.

Verdammt, dachte ich, Roy bereitet sich doch sonst auf alles vor, warum nicht auch auf seine Hochzeit?

Zen langte nach vorn, legte Hollis' rechte Hand in Roys linke und wickelte die Perlenschnur drum herum.

»Willst du…«

»Ich will…«

(Das soll Zen sein?, dachte ich.)

»Und willst du, Hollis…«

»Ich will…«

Mittlerweile war irgendein Arschloch trotz Kerzenlicht damit beschäftigt, Hunderte von Fotos zu knipsen. Das machte mich nervös. Hätte ja vom F.B.I. sein können.

»Plick! Plick! Plick!«

Wir waren natürlich alle sauber. Aber es irritierte, weil es einfach leichtsinnig war.

Dann fielen mir im Kerzenschein die Ohren des Zen-Meisters auf. Das Kerzenlicht schien durch sie hindurch, als seien sie aus hauchdünnem Klopapier.

Der Zen-Meister hatte die durchsichtigsten Ohren, die ich je gesehen hatte. *Das* war es, was ihn heilig machte! Ich *mußte* diese Ohren haben! Für Geld, für meinen Kater oder für den Preis eines Gedächtnisschwunds. Oder für unters Kopfkissen.

Natürlich wußte ich, daß hier die vielen Scotch und Water mit mir durchgingen, und all das Bier, aber gleichzeitig wußte ichs auch wieder nicht.

Ich starrte die Ohren des Zen-Meiters an.

Inzwischen gabs weitere Worte:

»... und du, Roy, gelobst du, keine Drogen zu nehmen während deiner Verbindung mit Hollis?«

Danach schien eine peinliche Pause einzutreten. Schließlich sagte Roy, dem buchstäblich die Hände gebunden waren:

»Ich gelobe, daß ich keine...«

Endlich war es vorbei. Jedenfalls sah es so aus. Der Zen-Meister erhob sich und lächelte wieder still in sich hinein.

Ich legte Roy meine Hand auf die Schulter. »Gratuliere.«

Dann beugte ich mich rüber und küßte Hollis auf ihre sagenhaften Lippen.

Die anderen blieben einfach hocken. Eine Nation von Bekloppten.

Niemand regte sich. Die Kerzen flackierten wie verrückt.

Ich ging zum Zen-Meister hin und schüttelte ihm die Hand. »Vielen Dank. War ne prima Zeremonie.«

Er schien darüber sehr erfreut zu sein. Das half ein bißchen. Die Gangster waren zu stolz und zu dämlich, um einem Orientalen die Hand zu geben.

Jetzt, wo die Hochzeit gelaufen war, kam es mir plötzlich sehr kalt vor. Alle saßen rum und starrten einander an. Die menschliche Rasse würde mir immer Rätsel aufgeben. Irgend jemand mußte jetzt mal die Sau

abgeben und für Unterhaltung sorgen. Also riß ich mir die grüne Krawatte ab und schmiß sie in die Luft:

»HEY! IHR ARSCHFICKER! HAT DENN KEINER VON EUCH HUNGER?!«

Ich latschte rüber ans kalte Buffet und machte mich über den Käse her, die sauren Schweinsfüße, die Hühnerfotzen. Ein paar Gäste erhoben sich steifbeinig, kamen ran und stocherten in den Fressalien rum, da sie nichts anderes mit sich anzufangen wußten.

Na, wenigstens *dazu* konnte ich sie animieren. Ich drehte mich um und machte mich auf die Suche nach dem Scotch.

Als ich mir in der Küche das Glas einschenkte, hörte ich den Zen-Meister sagen: »Ich muß mich jetzt verabschieden.«

»Ooooh, gehen Sie noch nicht…«, sagte eine alte brüchige weibliche Stimme mitten in der größten Gangsterversammlung seit drei Jahren. Und nichtmal die Alte klang so, als ob sie's ehrlich meinte. Was hatte ich hier eigentlich verloren?

Sobald ich hörte, wie der Zen-Meister die Haustür hinter sich zumachte, kippte ich das Wasserglas voll Scotch runter. Dann rannte ich raus, zwängte mich durch die schnatternden Kacker durch, fand die Haustür (was nicht einfach war), machte sie auf, hinter mir zu, und da war ich nun – knapp 15 Schritte hinter dem Mr. Zen. Er hatte noch 45 oder 50 Meter bis zum Parkplatz.

Ich legte einen Zahn zu und brüllte hinter ihm her: »Hey, Meister!«

Zen blieb stehen und drehte sich um. »Ja, alter Mann?«

Alter Mann?

Wir sahen einander an, im Mondlicht, auf dieser riesigen Freitreppe, die zum tropischen Garten hinunterführte. Es schien mir an der Zeit, daß wir in nähere Beziehung zueinander traten. Deshalb eröffnete ich ihm:

»Ich will entweder deine beiden verschissenen Ohren oder deine verschissene Kluft – diesen Bademantel mit dem Neonlicht, den du anhast!«

»Alter Mann, du bist von Sinnen!«

»Ich hab immer gedacht, ein Zen-Mensch macht keine pampigen und unvorsichtigen Bemerkungen. Meister, du enttäuschst mich!«

Zen legte seine Handflächen zusammen und blickte gen Himmel.

Ich sagte nochmal: »Ich will entweder deine Scheißklamotten oder deine Scheiß-Ohren!«

Er blickte weiter mit betender Gebärde gen Himmel.

Ich machte zwei große Schritte auf ihn zu, verfehlte dabei ein paar Treppenstufen, und während ich auf ihn zuflog, versuchte ich auszuholen, um ihm eine reinzuwuchten, aber meine Fallgeschwindigkeit war zu groß. Zen fing mich auf und stellte mich wieder auf die Beine.

»Mein Sohn, mein Sohn...«

Naja, jetzt war ich nahe genug ran. Ich versetzte ihm einen Schwinger. Traf auch ganz gut. Ich hörte, wie er zischte. Er machte einen Schritt nach hinten. Ich versuchte, noch einen bei ihm zu landen, aber der Schlag ging ins Leere, und ich fiel in ein paar teure importierte Ziersträucher rein. Ich rappelte mich hoch. Ging wieder auf ihn los. Im Mondschein sah ich, daß meine Hosen vorne voller Blut, Kerzenwachs und Kotze waren.

»In mir hast du deinen Meister gefunden, du Arschloch!« eröffnete ich ihm, während ich auf ihn lostorkelte. Er wartete auf mich. Zehn Jahre Maloche in der Fabrik hatten meine Muskeln nicht gerade schlaff werden lassen. Ich wuchtete ihm einen in die Eingeweide, mit meinen ganzen 230 Pfund dahinter.

Er schnappte kurz nach Luft, schickte wieder eine flehende Gebärde gen Himmel, sagte irgendwas Orientalisches, legte mich mit einem knappen aber gnädigen Karateschlag um und ließ mich liegen, eingepackt in mexikanische Kakteen und irgendwelches Zeug, das aus meiner Perspektive wie menschenfressende Pflanzen aus dem tiefsten brasilianischen Urwald aussah. Ich machte mirs im Mondschein bequem, bis sich so eine purpurrote Blume lässig über meine Nase stülpte und sich anschickte, mich am Schnaufen zu hindern.

Shit, man brauchte mindestens 150 Jahre, um in Harvard als Klassiker eingestuft zu werden. Ich hatte also keine Wahl: ich befreite mich von dem Ding und kroch die Freitreppe rauf. Oben stellte ich mich auf die Beine, machte die Tür auf und ging rein. Niemand beachtete mich. Sie waren immer noch am Palavern. Ich fläzte mich wieder in meine Ecke. Der Karateschlag hatte mir die linke Augenbraue geöffnet. Ich holte mein Taschentuch raus.

»Shit! Ich brauch 'n Drink!« brüllte ich.

Harvey brachte einen an. Scotch. Pur. Ich goß ihn runter.

Dann fiel mir auf, daß die Dame, die man mir als die Mutter der Braut vorgestellt hatte, eine ganze Menge Bein sehen ließ. Sah gar nicht schlecht aus. Diese langen Nylons mit den teuren hohen Absätzen unten dran, plus die kleinen juwelenbesetzten Schlaufen über den Zehen. Das konnte einen Idioten geil machen, und ich war bloß ein Halbidiot.

Ich stand auf, ging zur Brautmutter rüber, riß ihr den Rock bis über die Schenkel hoch, schmatzte an ihren hübschen Knien rum und arbeitete mich allmählich nach oben.

Das Kerzenlicht erwies sich jetzt als durchaus hilfreich. Und überhaupt.

»Hey!« Sie war plötzlich hellwach. »Was wird denn *das*, wenn es fertig ist?!«

»Ich fick dich um den Verstand, ich werd dich ficken, bis dir die Scheiße aus dem Arsch plumpst! Na, wie findest du das?«

Sie trat mich in den Bauch, und schon lag ich auf dem Teppich. Ich lag auf dem Rücken, schlug um mich, kam aber nicht mehr hoch.

»Verfluchte Amazone!« brüllte ich.

Schließlich, nach drei oder vier Minuten, kam ich wieder auf die Beine. Jemand lachte. Als ich die Balance wiedergefunden hatte, setzte ich mich in die Küche ab. Goß mir ein Glas voll, trank es aus, goß mir nochmal ein und ging damit raus.

Da standen sie rum. Die ganze gottverdammte Verwandtschaft.

»Roy? Hollis?« fragte ich. »Warum packt ihr nicht euer Hochzeitsgeschenk aus?«

»Tja«, sagte Roy, »warum nicht?«

Das Geschenk war in 38 Meter Alufolie eingewickelt. Roy rollte und rollte die Folie aus. Schließlich hatte er das Ding freigelegt.

»Fröhlichen Ehestand!« rief ich.

Alle sahen es. Es wurde still im Raum.

Es war ein kleiner handgeschnitzter Sarg von einem der besten Kunsthandwerker in Spanien. Die Stellfläche war sogar mit einem rosaroten Filz bezogen. Es war die exakte Nachbildung eines echten Sarges, allerdings mit erheblich mehr Liebe und Sorgfalt hergestellt.

Roy sah mich an, als wolle er mich umbringen. Er riß den Coupon ab, auf dem zu lesen war, wie das Holz zu pflegen sei, schmiß ihn in den Sarg rein und machte den Deckel zu.

Es war sehr still. Das einzige Hochzeitsgeschenk hatte keinen Anklang gefunden. Aber sie fingen sich schnell wieder und setzten ihr Palaver fort.

Ich war vermufft. Ich war wirklich stolz gewesen auf meinen kleinen Sarg. Ich hatte stundenlang nach einem Geschenk gesucht. Ich hatte fast den Verstand verloren. Dann hatte ich ihn entdeckt. Er stand ganz allein auf einem Regal. Ich besah ihn von außen und innen, fummelte dran herum. Der Preis war happig, aber es handelte sich ja auch um eine handwerkliche Arbeit von höchster Vollendung. Das Holz. Die kleinen Scharniere. Überhaupt alles.

Zufällig brauchte ich auch einen Spray zum Ameisen-Killen. Weiter hinten im Laden fand ich eine Dose »Black Flag«. Die Ameisen hatten angefangen, sich unter meiner Türschwelle breitzumachen. Ich ging mit dem Zeug zur Kasse. Ein junges Mädchen saß dahinter. Ich zeigte auf den Sarg.

»Wissen Sie, was das ist?«

»Was?«

»Das ist ein Sarg!«

Ich machte ihn auf und zeigte ihn ihr.

»Ich hab Ameisen zuhause, die machen mich wahnsinnig. Wissen Sie, was ich machen werde?«

»Was?«

»Ich werd diese Ameisen killen und sie alle in diesen Sarg reintun und verscharren!«

Sie lachte. »Damit ham Sie gerade den ganzen Tag für mich gerettet!«

Man muß es diesem Jungvolk lassen: sie sind ein ganz neuer Menschenschlag. Einsame Klasse. Ich zahlte und ging raus...

Aber jetzt, bei der Hochzeit, lachte keiner. Ein Dampfkochtopf mit einer roten Schleife drum hätte sie wahrscheinlich in Entzücken versetzt. Oder vielleicht nichtmal das.

Harvey, der Reiche, war letzten Endes der einzige angenehme Mensch in der Runde. Vielleicht deshalb, weil er sichs leisten konnte...

Ich trank jetzt gleich aus der Flasche. Mir war alles egal. Und dann war die Sache gelaufen, ich hockte wieder auf dem Rücksitz meines Wagens. Hollis wieder am Steuer, und Roy's Bart wehte mir wieder ins Gesicht. Ich setzte die Flasche an.

»Sagt mal, habt ihr etwa meinen kleinen Sarg weggeworfen? Ich liebe euch beide, das wißt ihr! Warum habt ihr meinen kleinen Sarg weggeworfen?«

»Schau her, Bukowski, hier ist dein Sarg!«

Roy hielt ihn hoch, damit ich ihn sehen konnte.

»Ah. Prima.«

»Willst du ihn wiederhaben?«

»Nein! Nein! Ist doch mein Geschenk an euch! Euer einziges Geschenk! Behaltet ihn! Bitte!«

»Na gut.«

Der Rest der Fahrt war ziemlich ereignislos. Ich hatte eine Wohnung zur Straße raus, in der Nähe von Hollywood Boulevard. Ziemliches Parkproblem. Sie fanden schließlich eine Lücke, einen halben Häuserblock von meiner Adresse entfernt. Sie parkten meinen Wagen und gaben mir die Schlüssel. Dann sah ich ihnen nach, wie sie über die Straße gingen – zu ihrem eigenen Wagen. Ich machte schon mal ein paar Schritte in Richtung auf meine Wohnung, sah aber dabei noch über die Schulter zu ihnen hinüber, mein Schuh verfing sich in den Hosenaufschlägen, und ich ging zu Boden. Im Umfallen versuchte ich instinktiv, die Whiskyflasche zu schützen, ich versuchte mich auf den Rücken fallen zu lassen und sowohl Flasche als auch Kopf oben zu behalten. Die Flasche blieb heil, aber mein Kopf knallte voll aufs Pflaster.

Sie hatten mich beide fallen sehen. Ich war halb bewußtlos, aber irgendwie brachte ich es fertig, zu ihnen rüber zu rufen:

»Roy! Hollis! Helft mir bis zu meiner Tür, bitte, ich hab mich verletzt!«

Sie standen einen Augenblick da und sahen mich an. Dann stiegen sie in ihren Wagen, ließen den Motor an, lehnten sich bequem zurück und fuhren davon.

Das war wohl die Rache für irgendwas. Für den Sarg? Oder weil sie in meiner alten Karre fahren mußten? Oder weil ich als Trauzeuge über die Stränge geschlagen hatte? Was es auch war – sie hatten keine Verwendung mehr für mich.

Noch fünf Minuten, dachte ich. Wenn man mich nur noch fünf Minuten ungeschoren hier liegen ließ, würde ich aufstehen und es bis zu meiner Wohnung schaffen. Ich war der letzte Outlaw. Laßt mich nur zurück in mein Versteck kriechen. Billy the Kid hatte mir nichts voraus. Fünf Minuten. Ich würde mich wieder erholen. Wenn sie mich das nächste Mal zu einer ihrer Festlichkeiten baten, würde ich ihnen genau sagen, wo sie sichs hinstecken können. Fünf Minuten. Das ist alles, was ich brauche.

Zwei Frauen kamen vorbei. Sie blieben stehen und sahen mich an.

»Oh, sieh mal den hier. Was hat er?«

»Er ist betrunken.«

»Er ist doch nicht krank, oder?«

»Nein. Sieh mal, wie er die Flasche hält. Wie ein kleines Baby.«

Oh, shit. Ich brüllte zu ihnen rauf.

»ICH WERD EUCH BEIDEN DIE MÖSE LUTSCHEN! ICH WERD SIE EUCH LUTSCHEN, BIS SIE FURZTROCKEN IST, IHR FOTZEN!«

»Ooooooh!«

Sie rannten in das gläserne Apartment-Hochhaus rein. Durch die Glastür. Ich lag draußen und kam nicht hoch. Ich brauchte es nur bis zu meiner Bude zu schaffen, aber die 30 Schritte bis dorthin sahen aus wie drei Millionen Lichtjahre. Dreißig Schritte bis zu einer gemieteten Haustür. Zwei Minuten, und ich würde aufstehen können. Bei jedem Versuch wurde ich besser. Ein alter Süffel kam immer wieder hoch, wenn man ihm genug Zeit ließ. Noch eine Minute...

Ich hätte es geschafft. Aber da kamen die Bullen an. Sie ließen ihr Blaulicht weiter rotieren, während sie anhielten und ausstiegen. Einer hatte eine Taschenlampe.

»Bukowski«, sagte der mit der Taschenlampe, »du kannst anscheinend ohne Schwulitäten überhaupt nicht mehr leben, was?«

Er kannte meinen Namen von irgendwo her, von einer früheren Sache.

»Schaut her«, sagte ich, »ich bin bloß gestolpert. Bin mit dem Kopf aufgeschlagen. Ich verliere nie den Überblick. Ich bin nicht gefährlich. Warum helft ihr mir nicht bis zu meiner Tür? Ist nur dreißig Schritte bis da hin.

Laßt mich einfach aufs Bett fallen und pennen. Meint ihr nicht auch, daß das im Grunde das einzig Richtige wäre?«

»Sir, zwei Damen haben angegeben, Sie hätten versucht, sie zu vergewaltigen.«

»Gentlemen, ich würde *nie* versuchen, zwei Ladies gleichzeitig zu vergewaltigen.«

Der eine Bulle leuchtete mir ständig mit der Lampe ins Gesicht. Das gab ihm anscheinend ein unheimliches Gefühl der Überlegenheit.

»Nur dreißig Schritte zur Freiheit! Könnt ihr das nicht begreifen?«

»Du bist der witzigste Alleinunterhalter in der Stadt, Bukowski. Denk dir mal 'n besseres Alibi aus.«

»Naja, mal sehn – also das, was ihr da vor euch liegen seht, ist das Endprodukt einer Hochzeitsfeier, eine Zen-Hochzeit.«

»Soll das heißen, eine Frau hat tatsächlich versucht, dich zu *heiraten*?«

»Nicht *mich*, du Arschloch...«

Der Bulle mit der Taschenlampe schlug mir das Ding auf die Nase.

»Einem Hüter des Gesetzes hat man respektvoll zu antworten.«

»Sorry. Das war mir im Moment ganz entfallen.«

Das Blut lief mir am Hals runter und dann aufs Hemd. Ich hatte alles ziemlich satt.

»Bukowski«, sagte der mit der Taschenlampe, »warum mußt du eigentlich dauernd Stunk machen?«

»Laß deinen Tinnef unter Verputz«, sagte ich. »Gehn wir lieber gleich in den Knast.«

Sie legten mir die Handschellen an und schmissen mich auf den Rücksitz. Wie gehabt.

Sie fuhren gemächlich mit mir durch die Gegend und unterhielten sich über diverse hirnrissige Sachen – eine Veranda war zu verbreitern, ein Swimmingpool anzulegen, ein Zimmer sollte angebaut werden für die Oma. Und wenn es um Sport ging – das hier waren schließlich richtige Männer – tja, also die Dodgers hatten immer noch eine Chance, wenn auch zwei oder drei andere Mannschaften schwer von der Spitze zu verdrängen waren.

Für diese beiden war die Menschheit noch eine große Familie – wenn die Dodgers siegten, dann siegten sie mit. Wenn jemand auf dem Mond landete, dann waren sie auf dem Mond mit dabei. Aber wenn ein verhungernder Mensch sie um einen Groschen bat – nix zu machen, fick dich ins Knie, du Kaffer. Das passierte natürlich nur, wenn sie in Zivil waren. Es hat noch nie einen verhungernden Menschen gegeben, der einen *Bullen* um einen Groschen bat. In der Beziehung sind wir sauber geblieben.

Dann schleuste man mich durch die Aufnahmeprozedur. Mich, der nur noch 30 Schritte bis zu seiner Haustür gehabt hatte; der in einem Haus mit 59 Leuten der einzige Mensch gewesen war.

Da stand ich nun wieder einmal, in der langen Reihe derer, die angeblich schuldig waren. Die jüngeren Typen wußten nicht, was sie erwartete. Sie machten sich noch Illusionen über DIE VERFASSUNG und ihre RECHTE. Die Anfänger unter den Bullen ließ man bei den Säufern im Stadtgefängnis und im Landesgefängnis ihre Grundausbildung abolsiveren. Da mußte sich zeigen, ob etwas in ihnen steckte. Ich sah, wie sie einen Typ in den Fahrstuhl verfrachteten und mit ihm rauf und runter fuhren, immer rauf und runter, und als er

wieder rauskam, konnte man kaum noch erkennen, was er mal gewesen war – ein Schwarzer, der was von Menschenrechten brüllte. Dann schnappten sie sich einen weißen Jungen, der es mit seinen verfassungsmäßig garantierten Rechten hatte; vier oder fünf von ihnen ließen ihn Spießruten laufen, bis er nicht mehr konnte. Dann brachten sie ihn angeschleppt und stellten ihn an die Wand. Er zitterte am ganzen Körper, hatte überall rote Striemen, stand da und zitterte.

Ich machte wieder einmal die ganze erkennungsdienstliche Behandlung durch, Fotos fürs Album, Fingerabdrücke.

Sie schafften mich runter in die Säuferzelle, hielten die Tür auf. Jetzt ging es nur noch darum, auf dem Boden der Zelle zwischen 150 Männern einen Platz zu finden. Zum Scheißen gab es nur einen einzigen Eimer. Kotze und Pisse, wo man hinsah. Ich fand ein Plätzchen zwischen meinen Mitmenschen. Ich war Charles Bukowski, dessen Werke vom Literatur-Archiv der University of California in Santa Barbara gesammelt wurden. Dort gab es jemanden, der mich für ein Genie hielt. Ich machte mirs auf dem Zementboden bequem. Ich hörte eine junge Stimme. Die Stimme eines Jungen.

»Mister, für'n Vierteldollar lutsch ich Ihnen den Schwanz!«

Laut Vorschrift mußten sie einem bei der Einlieferung alles Geld abnehmen, den Personalausweis, Schlüssel, Messer usw., plus Zigaretten, und dafür bekam man dann eine Quittung ausgehändigt. Die verlor man, oder man versilberte sie, oder sie wurde einem geklaut. Trotzdem gabs immer Geld und Zigaretten in der Zelle.

»Tut mir leid, Junge«, sagte ich, »sie ham mir meinen letzten Penny abgenommen.«

Nach vier Stunden fand ich endlich Schlaf.

Tja.

Trauzeuge bei einer Zen-Hochzeit. Und ich könnte wetten, daß die beiden in der Nacht nicht einmal gefickt hatten. Aber einen jedenfalls hatte man in Grund und Boden gepimpert. Das stand fest.

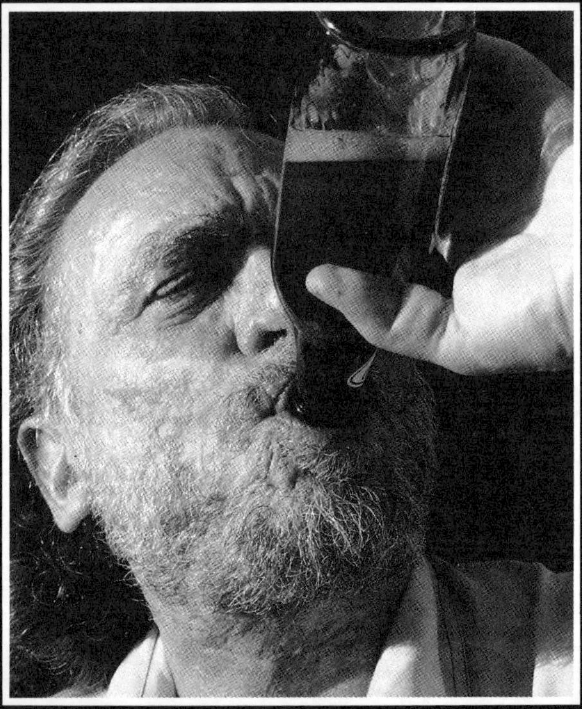

Die schönste Frau in der ganzen Stadt

Cass war die jüngste und schönste von 5 Schwestern. Cass war die schönste Frau in der ganzen Stadt. Sie war zur einen Hälfte Indianerin und hatte einen seltsam geschmeidigen Körper, einen Körper wie eine Schlange und einen feurigen Körper mit genauso feurigen Augen. Cass war flüssiges Feuer in Bewegung. Sie war wie ein Geist, den man irgendwo eingesperrt hatte und den es darin nicht hielt. Sie hatte lange schwarze, seidige Haare, die sich mit ihrem Körper bewegten und mit ihm herumwirbelten. Sie hatte entweder sehr gute oder sehr schlechte Laune. Dazwischen gab es für Cass nichts. Einige meinten, sie sei verrückt. Aber das behaupteten nur die langweiligen Typen. Diese Typen würden Cass nie verstehen. Den Männern erschien sie einfach als Sexmaschine, und denen war es egal, ob sie nun verrückt war oder nicht. Und Cass tanzte und flirtete, küßte die Männer, aber bis auf die ein, zwei Ausnahmen, wo es dann eben passiert war, hatte sich Cass da immer irgendwie rausgewunden und vor den Männern in Sicherheit gebracht.

Ihre Schwestern beschuldigten sie, ihre Schönheit zu mißbrauchen, nicht genug ihren Verstand zu benutzen, aber Cass besaß Verstand und Gefühl; sie malte, sie tanzte, sie sang, sie töpferte, und wenn es jemandem geistig oder körperlich nicht gut ging, dann war Cass sehr mitfühlend. Vom Verstand her war sie einfach ganz anders; vom Verstand her war sie einfach nicht praktisch veranlagt. Ihre Schwestern waren eifersüchtig auf sie, weil sie ihnen die Männer wegschnappte, und sie waren wütend auf sie, weil sie meinten, daß sie aus den Männern nicht alles herausholte. Es war so ihre Art, zu den weniger gutaussehenden Männern netter zu sein; die man allgemein für gutaussehend hielt, die gingen ihr auf den Geist. – »Nichts mit los«, sagte sie. »Kein Saft drin. Die bilden sich sonstwas auf ihre kleinen hübschen Ohrläppchen und ihre markanten Nasenflügel ein ... Alles nur Äußerlichkeiten und nichts dahinter...« Ihr Temperament ähnelte dem einer Irren; einige behaupteten, sie hätte das Temperament einer Irren.

Ihr Vater war am Suff gestorben, und ihre Mutter hatte sich auf und davon gemacht und die Mädchen sich selbst überlassen. Die Mädchen landeten dann bei einem Verwandten, der sie in ein Heim steckte. Das Heim war nicht gerade ideal gewesen, Cass hatte es da schlimmer getroffen als ihre Schwestern. Die Mädchen dort waren auf Cass eifersüchtig gewesen, und Cass hatte mit den meisten von ihnen eine Schlägerei gehabt. Ihr linker Arm war ganz voll Narben von Rasiermessern aus zwei Kämpfen, in denen man ihr ans Leder wollte. Auch über die linke Wange lief eine deutliche Narbe, aber diese Narbe beeinträchtigte ihre Schönheit nicht etwa, sie unterstrich sie sogar noch.

Ich habe sie in der West End Bar ein paar Tage nach ihrer Entlassung aus dem Heim getroffen. Da sie die jüngste war, war sie auch die letzte der Schwestern gewesen, die entlassen wurde. Sie kam einfach rein und setzte sich neben mich hin. Wahrscheinlich war ich der häßlichste Mann in der ganzen Stadt, und daran mag es wohl gelegen haben.

»Was zu trinken?« fragte ich.

»Klar. Warum nicht?«

Ich glaube nicht, daß es etwas Außergewöhnliches in unserer Unterhaltung an diesem Abend gegeben hat, es lag einfach an dem Gefühl, das sie mir gab. Mich hatte sie sich ausgesucht, und so einfach war das. Ohne daß ich da nachgeholfen hatte. Die Drinks schmeckten ihr, und sie trank eine ganze Menge. Sie schien zwar noch nicht alt genug zu sein, daran störte sich aber keiner. Vielleicht hatte sie auch ihren Personalausweis gefälscht, ich weiß es nicht. Egal, jedes Mal, wenn sie von der Toilette zurückkam und sich neben mich hinsetzte, kam ich mir so richtig stolz vor. Sie war nicht nur die schönste Frau in der ganzen Stadt, sondern darüberhinaus auch eine der schönsten Frauen, die ich je gesehen hatte. Ich legte meinen Arm um ihre Hüfte und küßte sie einmal.

»Findest du, daß ich hübsch bin?« fragte sie.

»Ja, bestimmt, aber da ist noch was anderes ... es ist nicht nur dein Aussehen ...«

»Die Leute werfen mir immer vor, daß ich hübsch bin. Glaubst du wirklich, daß ich hübsch bin?«

»Hübsch ist nicht das richtige Wort, das trifft die Sache nicht.« Cass langte in ihre Handtasche. Ich dachte, sie suchte ein Taschentuch. Sie zog eine lange Hutnadel hervor. Ehe ich sie davon abhalten konnte, hatte sie sich diese lange Hutnadel durch die Nase gesteckt, quer hindurch genau oberhalb der Nasenlöcher. Ekel und Entsetzen packten mich.

Sie sah mich an und lachte.

»Na, glaubst du noch immer, daß ich hübsch bin? Na, was sagst du jetzt, Mann?«

Ich zog ihr die Hutnadel raus und drückte mein Taschentuch an die Wunde. Einige andere Gäste sowie der Wirt hatten das alles mitgekriegt. Der Wirt kam zu uns rüber.

»Paß mal auf«, sagte er zu Cass, »machst du das nochmal, fliegst du raus. Wir können hier auf deine Schau verzichten.«

»Ach, leck mich am Arsch, Mann!« sagte sie.

»Sorgen Sie dafür, daß sie vernünftig bleibt«, sagte der Wirt zu mir.

»Ja, sie ist jetzt wieder vernünftig«, sagte ich.

»Ist aber *meine* Nase«, sagte Cass, »ich kann mit meiner Nase machen, was ich will.«

»Nein«, sagte ich, »das tut mir weh.«

»Also, du meinst, es tut dir weh, wenn ich mir eine Nadel durch die Nase stecke?«

»Ja, das stimmt. Wirklich.«

»Also gut, dann mach ich das nicht mehr. Sei wieder lustig.«

Sie gab mir einen Kuß, grinste sogar dabei und hielt das Taschentuch gegen die Nase. Als die Bar zumachte, fuhren wir zu mir. Ich hatte noch ein paar Flaschen Bier im Haus, und wir saßen da und unterhielten uns. Dabei fand ich heraus, daß sie voller Freundlichkeit und Verständnis war. Sie gab sich selbst dem andern hin, ohne es zu merken. Zur gleichen Zeit aber verfiel sie wieder in einen Zustand von Wildheit und Zusammenhanglosigkeit. Idi. Ein schöner, geistiger *Idi.* Wahrscheinlich würde sie einen Mann oder irgend etwas anderes für immer ruinieren. Hoffentlich würde nicht ich das sein.

Wir gingen ins Bett, und als ich das Licht ausgemacht hatte, fragte Cass mich:

»Wann willst du es haben? Jetzt oder morgen früh?«

»Morgen früh«, sagte ich und drehte mich um.

Am anderen Morgen stand ich auf und kochte Kaffee und brachte ihn ihr ans Bett. Sie lachte.

»Du bist der erste Mann, den ich getroffen habe, der es nachts nicht machen wollte.«

»Alles klar«, sagte ich, »wir können es auch ganz lassen.«

»Nein, so nicht, ich will es jetzt haben. Ich mach mich nur ein bißchen frisch.«

Cass ging ins Badezimmer. Kurz danach kam sie raus und sah ganz phantastisch aus, ihre langen Haare glänzten, ihre Augen und ihre Lippen glänzten, *sie selbst* glänzte ... Sie bot ihren Körper ruhig dar, wie eine gute Sache. Sie kroch zu mir unter die Decke.

»Dann los, du Liebhaber.«

Ich legte los.

Sie küßte mit Hingabe, aber ohne Hast. Ich ließ meine Hände über ihren Körper wandern, durch ihre Haare. Ich legte mich auf sie. Es war warm und eng. Ich fing an, mich langsam auf und ab zu bewegen, ich wollte jetzt auch kommen. Ihre Augen schauten genau in meine.

»Wie heißt du?« fragte ich sie.

»Ist doch scheißegal«, antwortete sie.

Ich lachte und machte weiter. Danach zog sie sich an, und ich brachte sie zur Bar zurück. Aber ich mußte immer an sie denken.

Ich hatte keine Arbeit und schlief bis um zwei Uhr, stand dann auf und las die Zeitung. Ich war in der Badewanne, als sie mit einem großen Blatt reinkam – einem Riesenfarn.

»Das hab ich mir gedacht, daß du in der Wanne bist«, sagte sie, »deswegen hab ich dir auch was mitgebracht, mit dem du dein Ding da zudecken kannst, du Nackedei.«

Der Riesenfarn segelte auf mich in der Wanne herab.

»Woher hast du gewußt, daß ich in der Wanne bin?«

»Wußte ich eben.«

Fast jeden Tag kam Cass danach zu mir, und immer genau dann, wenn ich in der Badewanne lag. Das geschah zwar immer zu unterschiedlichen Zeiten, aber sie vertat sich selten, und auch der Riesenfarn fehlte nie. Und dann liebten wir uns.

Ein- oder zweimal rief sie nachts an, und ich mußte sie gegen Kaution aus dem Gefängnis rausholen, weil sie betrunken gewesen war und eine Schlägerei angefangen hatte.

»Diese Arschlöcher«, sagte sie, »nur weil sie einem einen ausgeben, meinen sie schon, sie könnten einem in die Hose gehen.«

»Wer sich einen ausgeben läßt, muß sehen, wie er mit dem danach fertig wird.«

»Ich hab gedacht, sie würden sich für *mich* interessieren, nicht nur für meinen Körper.«

»Ich interessiere mich für dich *und* für deinen Körper. Ich habe da allerdings so meine Zweifel, ob die meisten Männer nicht nur deinen Körper sehen.«

Dann verließ ich die Stadt für sechs Monate, gammelte so herum, kam wieder. Cass hatte ich nicht vergessen, aber wir hatten so eine Art Krach gehabt, und ich hatte sowieso weg gewollt, und als ich wiederkam, nahm ich an, daß sie nicht mehr da sein würde, aber ich hatte gerade eine halbe Stunde in der West End Bar gesessen, als sie reinkam und sich neben mich setzte.

»Na, du Scheißkerl, bist also wieder da.«

Ich bestellte ihr was zu trinken. Dann schaute ich sie mir an. Sie hatte ein hochgeschlossenes Kleid an. In so einem Kleid hatte ich sie früher nie gesehen. Unter jedem Auge hatte sie zwei Nadeln mit Glasköpfen reingesteckt. Alles, was von den Nadeln rausschaute, waren deren Glasköpfe, die Nadeln selbst steckten ganz im Fleisch drin.

»Was soll die Scheiße? Versuchst also immer noch, deine Schönheit kaputtzumachen, oder?«

»Nein, das trägt man jetzt so, du Affe.«

»Du bist verrückt.«

»Ich hab Sehnsucht nach dir gehabt.«

»Ist da sonst noch jemand?«

»Nein, da ist sonst keiner. Nur du. Aber ich geh jetzt anschaffen. Kostet zehn Mäuse. Aber für dich mach's ich umsonst.«

»Zieh die Nadeln da raus.«

»Nein, das trägt man jetzt so.«

»Ich kann das aber nicht leiden.«

»Wirklich nicht?«

»Verdammt! Wirklich nicht.«

Cass zog die Nadeln langsam heraus und steckte sie in ihr Portemonnaie.

»Warum hast du immer Probleme mit deiner Schönheit?« fragte ich sie. »Warum lebst du nicht einfach damit?«

»Weil die andren meinen, das sei alles, was ich zu bieten hab. Schönheit ist nichts, Schönheit bleibt nicht. Du weißt gar nicht, wie glücklich du darüber sein kannst, daß du so häßlich bist. Wenn dich nämlich jemand mag, dann weißt du genau, daß das andere Gründe haben muß.«

»Also gut«, sagte ich, »ich bin glücklich.«

»Nicht ich mein, daß du häßlich bist. Nur, die Leute halten dich für häßlich. Mich fasziniert dein Gesicht.«

»Vielen Dank.«

Wir genehmigten uns noch einen.

»Was machst du jetzt so?« fragte sie.

»Nichts. Ich kann mich zu nichts durchringen. Hab einfach keinen Bock.«

»Ich auch nicht. Wenn du 'ne Frau wärst, könntest du anschaffen gehen.«

»Glaub kaum, daß mir das Spaß machen würde, mit so vielen Fremden so engen Kontakt zu haben. Das würde mich fertigmachen.«

»Hast recht. Das macht einen fertig, alles macht einen fertig.« Wir gingen zusammen raus. Auf der Straße starrten die Leute Cass immer noch an. Sie war immer noch eine schöne Frau, vielleicht noch schöner als je zuvor.

Wir fuhren zu mir, und ich machte eine Flasche Wein auf, und wir unterhielten uns. Wenn Cass und ich zusammen waren, lief die Unterhaltung immer ganz wie von selbst. Sie redete eine Zeitlang, und ich hörte ihr zu, und dann redete ich. Unsere Unterhaltung lief ganz locker, ohne jede Anstrengung. Es schien so, als würden wir zusammen Geheimnisse entdecken. Wenn wir auf ein besonders gutes stießen, dann fing Cass an zu lachen – so wie nur sie lachen konnte. Es war wie ein Lachen, das aus einem Feuer kam. Während der Unterhaltung küßten wir uns und rückten eng aneinander. Wir wurden ganz schön scharf dabei und beschlossen, ins Bett zu gehen. Da zog Cass dann auch ihr Kleid aus, und ich sah sie – jenen häßlichen Wulst von Narbe quer über dem Hals. Sie war lang und dick.

Deutscher Poetenbesuch bei Bukowski: Freundin Linda und Thomas Brasch

»Was für Scheiße, Mann«, sagte ich vom Bett, »so eine Scheiße. Was hast du gemacht?«

»Ich hab's mal irgendwann nachts mit 'ner kaputten Flasche probiert. Magst du mich jetzt nicht mehr? Bin ich immer noch schön?«

Ich zog sie aufs Bett runter und küßte sie. Sie stieß mich weg und sagte lachend:

»Ein paar von den Kerlen zahlen mir den Zehner, und dann zieh ich mich aus, und dann haben die keine Lust mehr dazu. Ich behalte den Zehner. Ganz schön lustig.«

»Ja«, sagte ich, »zum Totlachen ... Cass, du Miststück, ich liebe dich ... hör damit auf, dich selbst kaputtzumachen; du hast von allen Frauen, die mir je über den Weg gelaufen sind, am meisten Leben.«

Wir küßten uns noch einmal. Cass weinte still vor sich hin. Ich spürte ihre Tränen. Ihre langen schwarzen Haare lagen neben mir wie eine Todesfahne. Ich steckte ihn rein, und wir liebten uns langsam und tief und wundervoll.

Am nächsten Morgen war Cass schon aufgestanden und machte Frühstück. Sie schien ganz ruhig und fröhlich zu sein. Sie sang vor sich hin. Ich blieb im Bett liegen und freute mich über ihre Fröhlichkeit. Schließlich kam sie rüber und schüttelte mich.

»Los, steh auf, du Penner. Kipp dir etwas kaltes Wasser ins Gesicht und über deinen Zapadeus, und dann wird gefuttert!«

Ich fuhr sie an diesem Tag zum Strand. Es war ein Wochentag und noch nicht Sommer, der Strand war also ziemlich verlassen. Oberhalb des Strandes selbst schliefen ein paar Strandpenner auf dem Rasen. Andere saßen auf den Steinbänken rum und ließen eine einsame Flasche kreisen. Die Möwen wirbelten umher, sinnlos, aber beunruhigt. Ältere Damen so in den Siebzigern und Achtzigern saßen auf den Bänken und sprachen über den Verkauf von Immobilien, die ihnen ihre Männer hinterlassen hatten, die vor langer Zeit an dem Tempo und der Idiotie des Überlebens gestorben waren. Alles in allem: Frieden lag in der Luft, und wir sind herumspaziert und haben uns ins Gras gelegt und nicht viel miteinander gesprochen. Es tat einfach gut zusammen zu sein. Ich kaufte ein paar belegte Brote, Kartoffelchips und etwas zu trinken, und wir setzten uns auf den Sand und aßen. Dann hielt ich Cass in meinen Armen, und wir haben so ungefähr eine Stunde lang geschlafen. Irgendwie war das besser als bumsen. Das war so ein Zusammenfließen ohne jede Anspannung. Als ich wach wurde, fuhren wir zu mir nach Hause zurück, und ich machte Mittagessen. Nach dem Mittagessen schlug ich Cass vor, zu mir zu ziehen. Sie ließ mit der Antwort eine ganze Zeit auf sich warten und schaute mich an, dann sagte sie langsam: »Nein«. Ich brachte sie zur Bar zurück, bestellte ihr was zu trinken und ging raus. Am nächsten Tag fand ich einen Job als Packer in einer Fabrik, und den Rest der Woche arbeitete ich da. Ich war zu müde, um groß auszugehen, aber am folgenden Freitag bin ich wieder in die West End Bar gegangen. Ich suchte mir einen Platz und wartete auf Cass. Stunden vergingen. Als ich schon ziemlich voll war, sagte der Wirt zu mir:

»Tut mir leid, das mit Ihrer Kleinen da.«

»Was ist los?« fragte ich.

»Oh, Entschuldigung. Haben Sie das noch nicht gehört?«

»Nein.«

»Selbstmord. Man hat sie gestern beerdigt.«

»Beerdigt?« fragte ich. Es kam mir so vor, als würde sie jeden Augenblick zur Tür reinkommen. Wie konnte sie da tot sein?

»Ihre Schwestern haben das mit der Beerdigung erledigt.«

»Ein Selbstmord? Können Sie mir sagen, wie?«

»Hat sich die Kehle durchgeschnitten.«

»Verstehe. Schütten Sie mir noch einen ein.«

Ich trank weiter bis sie zumachten. Cass, die schönste von 5 Schwestern, die schönste Frau in der ganzen Stadt. Ich schlug mich noch mit meinem Wagen bis nach Hause durch, und mir ging die ganze Zeit durch den Kopf, daß ich darauf hätte *bestehen* sollen, daß sie zu mir zieht, anstatt ihr »Nein« so hinzunehmen. Alles an ihr hatte darauf hingedeutet, daß es ihr damit ernst gewesen war. Ich war einfach zu gleichgültig damit umgesprungen, zu faul, zu teilnahmslos. Ich hatte meinen und ihren Tod verdient. Ich war ein Hund. Nein, warum die Hunde beleidigen? Ich stand auf und fand noch eine Flasche Wein und trank eine Menge davon. Cass, das schönste Mädchen in der ganzen Stadt, tot mit 20 Jahren. Draußen drückte jemand auf die Hupe. Sie war sehr laut und durchdringend. Ich setzte die Flasche ab und schrie: »VERDAMMTER SCHEISSKERL, HALT DIE SCHNAUZE!«

Die Nacht kam allmählich herein, und ich konnte nichts mehr machen.

Die Bettdecke

In der letzten Zeit schlafe ich nicht gut, aber darauf will ich eigentlich nicht hinaus. Es ist nämlich so – wenn ich gerade einzuschlafen scheine, dann passiert es. Stimmt schon mit dem »einzuschlafen scheine«, genauso ist es. In der letzten Zeit passiert es immer häufiger, daß ich zu schlafen scheine, ich fühle, daß ich schlafe, und dennoch träume ich von meinem Zimmer, ich träume, daß ich schlafe, und jede Kleinigkeit liegt genau da, wo ich sie hingelegt hatte, bevor ich ins Bett ging. Die Zeitung auf dem Fußboden, eine leere Bierflasche auf der Kommode, mein einer Goldfisch dreht langsam seine Runden in seiner Schüssel, die ganzen anderen vertrauten Sachen, die genauso ein Teil von mir sind wie meine Haare. Und wenn ich dann oft *nicht* schlafe, da in meinem Bett, wenn ich die Wände anstarre, döse, auf Schlaf warte, wundere ich mich dauernd: bin ich noch wach oder schlafe ich schon und träume von meinem Zimmer?

Mir ist es in der letzten Zeit schlecht gegangen. Todesfälle; Pferde liefen miserabel; Zahnschmerzen; Hämorrhoiden, weitere Sachen, über die man nicht spricht. Oft frage ich mich, nun, kann es eigentlich noch schlimmer werden? Und dann sage ich zu mir, also gut, dein Zimmer hast du ja noch. Auf der Straße liegst du ja noch nicht. Es gab mal eine Zeit, da hätte es mir nichts ausgemacht, auf der Straße zu liegen. Aber jetzt kann ich die Straße nicht mehr leiden. Dauernd diese Nadelstiche, diese Schnittwunden, ja sogar Bomben... das alles so oft, ich habe einfach genug davon; ich halte das alles nicht mehr aus.

Aber zurück zur Sache. Wenn ich einschlafe und träume, ich sei in meinem Zimmer oder wenn es tatsächlich so ist und ich wach bin, wie immer dem auch sei, dann passieren so komische Sachen. Ich stelle fest, daß die Tür vom Schrank einen Spalt auf ist; und ich bin sicher, daß die geöffnete Schranktür und der Ventilator (es ist heiß gewesen, und der Ventilator steht auf dem Fußboden) Strahlen bilden, die sich genau auf meinem Kopf schneiden. In einem plötzlichen Wutanfall drehe ich mich vom Kopfkissen weg – und ich nenne es mal »Wut«, denn normalerweise tituliere ich »die« oder »das«, was mich beim Schlafen stört, mit kräftigeren Ausdrücken. Jetzt höre ich euch schon, wie ihr sagt: »Der Kerl ist verrückt« – und bei Gott, das kann stimmen. Aber irgendwie kommt es mir so vor, als sei dem nicht so. Das ist natürlich nur ein winziger Punkt, der für mich spricht, wenn man es überhaupt einen Punkt nennen kann. Wenn ich mich in Gesellschaft von Leuten befinde, fühle ich mich nicht wohl. Die reden miteinander und regen sich über Sachen auf, die mich kaltlassen. Und dennoch fühle ich mich in ihrer Gesellschaft am stärksten. Ich habe da so eine Idee: wenn für sie diese Bruchstücke als Lebensgrundlage ausreichen, dann muß es für mich allemal reichen. Aber wenn ich alleine bin und alle Vergleiche nur noch zwischen mir und den Wänden bestehen, zwischen mir und meinem

Atem, zwischen mir und der Geschichte, mir und meinem Ende, dann fangen diese komischen Sachen wieder an. Offenbar bin ich ein schwacher Mensch. Ich habe in der Bibel Halt gesucht, bei den Philosophen, bei den Dichtern, aber mir kommt es so vor, als liegen sie allesamt schief. Sie reden von etwas ganz anderem. Deshalb habe ich also vor langer Zeit mit dem Lesen Schluß gemacht. Etwas Trost finde ich im Trinken, Spielen und im Sex, und somit war ich wie jeder andere auch in der Gesellschaft, in der Stadt, der Nation; der einzige Unterschied bestand darin, daß es mir nicht auf »Erfolg« ankam, ich brauchte keine Familie, kein Zuhause, keinen angesehenen Beruf und so weiter. So war ich also: weder ein Intellektueller, ein Künstler, noch standen mir die rettenden Grundlagen zur Verfügung, wie sie der Mann auf der Straße hatte. Ich hing irgendwie abgestempelt dazwischen, und ich nehme an, ja, das ist der Anfang vom Verrücktsein. Und wie vulgär ich doch bin! Ich stecke mir den Finger in den Arsch und kratze an meinen Hämorrhoiden rum, die ich in Massen habe. Das ist besser als Geschlechtsverkehr. Ich kratze mich blutig, bis ich vor Schmerz aufhöre. Affen machen das auch so. Habt ihr sie schon mal gesehen im Zoo mit ihren blutigen Ärschen?

Aber weiter. Wenn ihr mich aber dennoch ein bißchen bei etwas Komischem verweilen laßt, dann erzählte ich euch alles über den Mord. Diese Zimmerträume, wie ich sie mal nennen will, fingen vor ein paar Jahren an. Einen der ersten hatte ich in Philadelphia. Schon damals hatte ich selten Arbeit, und vielleicht machte ich mir auch nur einfach Sorgen wegen der Miete. Ich trank zu jener Zeit nicht mehr als etwas Wein und ein paar Bier, und auch der Sex und das Spielen hatten mich noch nicht ganz in ihren Bann gezogen. Obwohl ich damals mit einer Dame von der Straße zusammenlebte und obwohl es mir komisch vorkam, daß sie mehr Sex oder – wie sie es nannte – »Liebe« wollte, wenn wir zugange waren, obwohl sie sich ja schon zwei oder drei oder mehr Männer tags- und nachtsüber zu Gemüte geführt hatte, und obwohl ich ebenso hartgesotten auf der Straße wie im Knast war wie sonst ein Ritter der Straße, ging mir das an die Nieren, ihn da nach *alldem* reinzustecken... das ging mir gegen den Strich, und ich machte ziemlich viel durch. »Liebling«, sagte sie immer, »mußte verstehen, *ich liebe* dich. Bei den anderen passiert nichts. Du *weißt* einfach nicht, was in einer Frau vorgeht. Eine Frau kann dich reinlassen, und du meinst, du hast's geschafft, dabei bist du noch nicht mal drin. Dich, den laß ich rein.« Das ganze Gerede half auch nichts. Die Wände rückten nur noch enger zusammen. Und eines Nachts, mir auch egal, ob ich nun träumte oder nicht, wachte ich auf (oder ich träumte, daß ich aufgewacht bin), und sie lag neben mir im Bett, und ich schaute mich um, und da sah ich sie, alle diese kleinen Männchen, 30 oder 40 an der Zahl, sie banden uns im Bett mit Draht zusammen, so eine Art Silberdraht, und immer wieder schlangen sie den Draht um uns unter dem Bett durch, über das Bett hinweg, alles Draht. Meine Dame hatte meine Unruhe wohl mitgekriegt. Ich sah, wie sie die Augen aufmachte und mich ansah. »Sei ruhig!« sagte ich. »Bewege dich nicht! Die wollen uns mit Strom umbringen!« *»Wer will uns mit Strom umbringen?«* »Verdammt noch mal, ich hab dir gesagt, du sollst ruhig sein. Sei jetzt still!« Ich ließ sie noch ein bißchen weitermachen und stellte mich schlafend. Dann stemmte ich mich mit aller Kraft hoch, sprengte den Draht und überraschte sie. Ich holte nach einem von ihnen aus, traf ihn aber nicht. Ich weiß auch nicht, wo sie sich hin verdrückten, aber ich wurde sie los. »Ich habe uns gerade das Leben gerettet«, sagte ich zu meiner Dame. »Gib mir nen Kuß, Papa«, sagte sie.

Vorbei und vergessen, zurück zur Gegenwart. Als ich morgens aufgestanden bin, waren da solche Striemen an meinem Körper. Blaue Flecken. Ich habe da eine bestimmte Bettdecke im Verdacht. Ich vermute, diese Bettdecke schnürt mich im Schlaf ein. Ich wache dann auf, und manchmal drückt sie mir sogar schon die Gurgel zu, so daß ich kaum noch Luft kriege. Es ist immer dieselbe Bettdecke. Aber ich lasse mir nichts anmerken. Ich hole mir ein Bier, schlitze mit dem Daumen die Seiten der Rennzeitung auf, schau aus dem Fenster, ob es regnet, und versuche, alles um mich herum zu vergessen. Ich will einfach meine Ruhe haben. Ich bin müde. Ich will mir nicht irgendwelche Dinge einbilden oder ausdenken.

Aber dennoch läßt mich die Bettdecke auch jetzt in der Nacht nicht in Ruhe. Sie bewegt sich wie eine Schlange. Sie nimmt verschiedene Formen an. Sie bleibt einfach nicht ausgebreitet flach auf dem Bett liegen. Und in der folgenden Nacht. Ich befördere sie mit den Füßen vom Bett runter auf den Fußboden neben die Couch. Dann sehe ich, wie sie sich bewegt. Wenn ich so tue, als schaute ich nicht hin, bewegt sie sich blitzartig. Ich stehe auf und schalte das ganze Licht an und hole die Zeitung und lese, ich lese alles, den Börsenbericht, was es Neues in der Mode gibt, wie man Tauben zubereitet, wie man Unkraut bekämpft, die Briefe an den Herausgeber, politische Leitartikel, Stellenangebote, die Todesanzeigen usw. Währenddessen bewegt sich die Bettdecke nicht, und ich trinke so 3 oder 4 Flaschen Bier, vielleicht auch mehr, und dann ist manchmal schon der Morgen da, und dann ist es einfach mit dem Schlafen.

Und dann passiert das neulich nachts. Oder genauer, es fing eigentlich schon am Nachmittag an. Da ich kaum zum Schlafen gekommen war, ging ich so um 4 Uhr nachmittags ins Bett, und als ich wach wurde oder wieder von meinem Zimmer träumte, war es schon dunkel, und die Bettdecke drückte mir die Gurgel zu, und sie hatte wohl beschlossen, daß dies *der* Augenblick sei. Jetzt ging es ohne jede Verstellung! Sie war hinter mir her, und sie war stark, oder wenigstens schien ich ziemlich schwach zu sein, wie im Traum, und ich mußte schon mein Letztes geben, um sie daran zu hindern, mir die Luft abzudrücken, aber sie ließ nicht locker, diese Bettdecke, sie machte schnelle und heftige Attacken und versuchte eine Schwäche von mir auszunutzen. Ich fühlte, wie mir der Schweiß von der Stirn rann. Wer würde mir je eine solche Sache glauben? Wer würde mir je eine solch verfluchte Sache glauben? Eine lebendige Bettdecke, die einen umbringen will? Nichts wird für bare Münze genommen, bis es das *erste* Mal passiert ist – wie die Atombombe oder die Russen mit ihrem bemannten Weltraumflug oder Gott, wie er zur Erde herabsteigt und dann von denen ans Kreuz genagelt wird, die *er* erschaffen hat. Wer wird all die Sachen glauben, die sich noch ereignen werden? Das endgültige Verlöschen des Feuers? Die 8 oder 10 Männer und Frauen in so einem Raumschiff, die Neue Arche, unterwegs zu einem neuen Planeten, um erneut den erschöpften Samen des Menschen überall zu säen? Und wo war jener Mann oder jene Frau, die mir geglaubt

hätten, daß diese Bettdecke darauf aus war, mich zu erdrosseln? Da war niemand, weit und breit kein einziger. Und das machte alles ja noch schlimmer, irgendwie. Obgleich ich wenig Einfühlungsvermögen besaß, was die breite Masse so über mich dachte, wollte ich doch irgendwie, daß man die Bettdecke zur Kenntnis nahm. Komisch, oder? Warum eigentlich? Und komisch, ich hatte doch so oft in Gedanken mit Selbstmord gespielt, und jetzt, wo mir meine Bettdecke dabei helfen wollte, kämpfte ich gegen sie.

Ich befreite mich schließlich von dem Ding und schmiß es auf den Fußboden und schaltete das Licht an. Damit würde der Spuk ja wohl vorbei sein.

Licht, Licht, Licht.

Aber vonwegen, ich sah, wie es noch immer zuckte und sich im Licht ein paar Zentimeter bewegte. Ich setzte mich hin und beobachtete es ganz genau. Es bewegte sich wieder. Fast 30 Zentimeter. Ich stand auf und zog mich an, wobei ich um die Bettdecke einen weiten Bogen machte, als ich meine Schuhe, Socken usw. zusammensuchte.

Als ich fertig angezogen war, wußte ich nicht, was ich machen sollte. Die Bettdecke bewegte sich jetzt nicht mehr. Vielleicht ein Spaziergang durch die Nachtluft. Ja. Ich würde mit dem jungen Zeitungsverkäufer an der Ecke reden. Obwohl das auch schon schlimm genug war. Alle Zeitungsverkäufer in der Nachbarschaft waren Intellektuelle: die lasen G. B. Shaw und O. Spengler und Hegel. Und sie waren gar keine jungen Zeitungsverkäufer: sie waren 60 oder 80 oder 10000 Jahre alt.

Scheißdreck. Ich schlug die Tür hinter mir zu und ging raus.

Als ich oben auf der Treppe stand, zwang mich etwas in mir, mich umzudrehen und hinter mich zu schauen. Richtig: die Bettdecke folgte mir, sie bewegte sich wie eine Schlange, Falten und Schatten bildeten vorne Kopf, Mund, Augen. Eins muß noch gesagt werden, sobald man angefangen hat zu glauben, daß etwas Entsetzliches etwas Entsetzliches ist, dann wird es schließlich *weniger* entsetzlich. Einen Augenblick kam mir meine Bettdecke wie ein treuer Hund vor, der nicht gerne ohne mich allein sein will, der mit mir gehen will. Mein nächster Gedanke aber war, daß dieser Hund, diese Bettdecke ja darauf aus war zu töten, und dann lief ich schnell die Stufen runter.

Ja, wirklich, sie war hinter mir her! Sie glitt so schnell, sie wollte von Stufe zu Stufe. Geräuschlos. Entschlossen. Meine Wohnung lag auf der dritten Etage. Sie folgte mir runter. Zur zweiten. Zur ersten. Mein erster Gedanke war, nach draußen ins Freie zu laufen, aber draußen war es stockdunkel, eine ruhige und verlassene Gegend weit weg von den Geschäftsstraßen. Das Beste wäre wohl, sich in die Gesellschaft von Leuten zu begeben, um herauszukriegen, inwieweit das alles Wirklichkeit war.

Man braucht *mindestens* zwei Zeugen, um der Realität den Anschein der Realität zu geben. Künstler, die ihrer Zeit weit voraus waren, haben das rausgefunden, und vom Wahnsinn und sogenannten Halluzinationen Besessene haben das auch festgestellt. Wenn man ganz allein eine Erscheinung hat, erklären sie einen entweder zum Heiligen oder für verrückt.

Ich klopfte an die Tür von Wohnung 102. Micks Frau machte auf.

»Hallo, Hank«, sagte sie, »los, komm rein.«

Mick lag im Bett. Er war ganz aufgeschwemmt, seine Knöchel doppelt so dick wie sonst, sein Bauch dicker als der einer schwangeren Frau. Er war ein starker Trinker gewesen, und seine Leber hatte das nicht mehr mitgemacht. Er war jetzt voll Wasser. Er wartete darauf, daß im Veteran's Hospital ein Bett frei wurde.

»Hallo, Hank«, sagte er, »hast du ein Bier mitgebracht?«

»Also, Mick«, sagte seine Frau, »du weißt doch, was der Doktor gesagt hat: keinen Tropfen mehr, auch kein Bier.«

»Wozu hast du die Bettdecke mit?« fragte er mich.

Ich sah an mir herunter. Die Bettdecke war hochgesprungen und hatte sich um meinen Arm gelegt und war so unbemerkt mit mir in die Wohnung gekommen.

»Nur so«, sagte ich, »hab zu viel davon. Dachte, du könntest eine brauchen.«

»Hast kein Bier mitgebracht?«

»Nein, Mick.«

»Könnte aber gut eins vertragen.«

»Mick«, sagte seine Frau.

»Verdammt hart, nach all den Jahren so damit aufzuhören.«

»Also gut, aber nur eins«, sagte seine Frau. »Ich geh runter in den Laden.«

»Laß doch«, sagte ich, »ich hol ein paar Flaschen aus meinem Kühlschrank.«

Ich stand auf und ging Richtung Tür, wobei ich die Bettdecke nicht aus den Augen ließ. Sie bewegte sich nicht. Sie saß da auf der Couch und sah mich an.

»Bin gleich wieder da«, sagte ich und machte die Tür zu. Schätze, dachte ich bei mir, meine Phantasie ist mit mir durchgegangen. Ich habe die Bettdecke mitgenommen und mir eingebildet, sie sei mir gefolgt. Ich sollte mehr unter Menschen gehen. Mein Horizont ist zu begrenzt geworden. Ich ging hoch und packte 3 oder 4 Flaschen Bier in eine Papiertüte und ging wieder runter. Ich war ungefähr auf der zweiten Etage, als ich jemanden schreien hörte, dann ein Fluch und ein Schuß. Ich stürzte die restlichen Stufen runter und rannte nach 102. Mick stand da, ganz aufgeschwemmt, mit einer 32er Magnum in der Hand, aus deren Lauf etwas Rauch nach oben kräuselte. Die Bettdecke lag genauso auf der Couch wie vorher.

»Mick, du bist verrückt!« sagte seine Frau.

»Kann sein«, sagte er, »gerade als du in die Küche gegangen bist, sprang diese Bettdecke – und Gott ist mein Zeuge – also sprang diese Bettdecke zur Tür hin. Sie wollte den Türknopf drehen, wollte raus, aber sie kriegte den Knopf nicht gepackt. Als ich den ersten Schrecken verdaut hatte, stand ich aus dem Bett auf und ging auf sie zu, und als ich nahe bei ihr war, sprang sie vom Türknopf weg, sprang mir an die Kehle und versuchte mich zu erwürgen.«

»Mick ist krank«, sagte seine Frau, »hier einfach rumzuballern. Er sieht Gespenster. Hat auch schon Gespenster gesehen, als er noch getrunken hat. Wird schon wieder alles werden, wenn er im Krankenhaus ist.«

»Verdammt noch mal!« schrie er und stand da in seinem Nachthemd, aufgeschwemmt, »ich sag euch, das Ding wollte mich umbringen, und Gott sei Dank war die alte Magnum geladen, und ich bin zum Schrank gerannt und hab sie rausgeholt, und als das Ding wieder auf mich losgegangen ist, hab ich geschossen. Dann ist es weggekrochen. Es ist zur Couch zurückgekrochen, und da liegt es jetzt. Man kann das Loch sehen, wo ich die Kugel reingefeuert habe. Das hat mit Einbildung nichts zu tun!«

Es klopfte. Es war der Wohnungsverwalter.

»Es ist zu laut hier«, sagte er. »Kein Fernsehen oder Radio oder sonstige Ruhestörung nach 10«, sagte er. Dann ging er wieder.

Ich ging zur Bettdecke rüber. Klar, da war ein Loch drin. Die Bettdecke schien jetzt ganz ruhig zu sein. Wo hat eine lebendige Bettdecke ihr Lebenszentrum?

»Mein Gott, jetzt brauch ich ein Bier«, sagte Mick, »mir auch egal, ob ich dran sterb oder nicht.«

Seine Frau machte drei Flaschen auf, und Mick und ich rauchten Pall Mall.

»He, Alter«, sagte er, »nimm diese Bettdecke mit, wenn du gehst.«

»Ich brauch sie nicht, Mick«, sagte ich, »kannst sie behalten.«

Er nahm einen kräftigen Schluck aus der Flasche.

»Du nimmst dieses verdammte Scheißding hier weg!«

»Reg dich ab, ist doch *tot,* oder?« fragte ich.

»Woher zum Teufel soll ich das denn wissen?«

»Willst du damit etwa sagen, Hank, daß du diesen Quatsch mit der Bettdecke glaubst?«

»Ja, du.«

Micks Frau warf den Kopf zurück und lachte.

»Nicht zu fassen, zwei ausgewachsene Arschgeigen, wie sie im Buche stehen.« Dann fuhr sie fort: »Du säufst doch auch, Hank, oder?«

»Ja.«

»Viel?«

»Manchmal.«

»Ich sage nur eins: nimm diese verdammte Scheißbettdecke *hier weg*!«

Ich nahm einen kräftigen Schluck aus der Bierflasche und wünschte mir, es wäre Wodka gewesen.

»Also gut, Kumpel«, sagte ich, »wenn du die Bettdekke nicht haben willst, dann nehm ich sie wieder mit.«

Ich legte sie ordentlich zusammen und nahm sie über den Arm.

»Nacht, Leute.«

»Nacht, Hank, danke fürs Bier.«

Ich ging die Treppe hoch, und die Bettdecke war noch immer ruhig. Vielleicht hatte die Kugel ihr den Rest gegeben. Ich ging in meine Wohnung und schmiß sie auf einen Stuhl. Dann setzte ich mich hin und schaute sie mir an. Dann hatte ich eine Idee.

Ich nahm eine Spülschüssel und legte Zeitungspapier rein. Dann nahm ich ein Küchenmesser. Ich stellte die Spülschüssel auf den Fußboden. Dann setzte ich mich auf den Stuhl. Ich legte mir die Decke auf den Schoß. Und in der Hand hatte ich das Messer. Aber die Decke ließ sich kaum schneiden. Ich blieb dort auf dem Stuhl sitzen, der Nachtwind aus der verkommenen Innenstadt von Los Angeles streifte meinen Nacken, und die Bettdecke ließ sich kaum schneiden. Es konnte ja auch sein, daß in dieser Bettdecke eine Frau steckte, die mich einmal geliebt hatte und die jetzt auf diese Art zu mir zurückgefunden hatte. Mir kamen zwei Frauen in den Sinn. Dann kam mir eine Frau in den Sinn. Dann stand ich auf und ging in die Küche und machte die Wodkaflasche auf. Der Arzt hatte mir gesagt, noch mehr harte Sachen und ich würde ein toter Mann sein. Ich habe aber einen Weg gefunden, ihn reinzulegen. Am ersten Abend einen Fingerhut voll. Am zweiten zwei, usw. Diesmal goß ich mir ein Glas voll. Es war nicht das Sterben, was mich beunruhigte, es war die Traurig-

keit, die Verwunderung. Die paar guten Leute, die in der Nacht weinen würden. Die paar guten Leute. Vielleicht war die Bettdecke eine Frau gewesen, die mich entweder töten wollte, um mit ihr im Tod vereint zu sein, oder die als Bettdecke mit mir schlafen wollte und nicht wußte, wie das zu bewerkstelligen war... oder die Mick töten wollte, weil er sie dabei gestört hatte, mir zur Tür hinaus zu folgen? Verrückt? Sicher. Was ist nicht verrückt? Ist das Leben nicht verrückt? Wir sind alle aufgezogen wie ein Spielzeug... ein paar Drehungen der Feder, sie läuft ab, und was war's denn... und wir stolzieren herum und tun als ob, schmieden Pläne, wählen Ministerpräsidenten, mähen Rasen... Verrückt, sicher, was ist *nicht* verrückt?

Ich trank das Glas Wodka mit einem Schluck aus und steckte mir eine Zigarette an. Dann nahm ich die Bettdecke zum letzten Mal, und dann *zerschnitt ich sie!* Ich schnitt und schnitt und schnitt, ich zerschnitt das Ding in all die kleinen Stücke, die von etwas übrigbleiben... und die Stücke legte ich in die Spülschüssel, und dann stellte ich die Spülschüssel nahe ans Fenster und stellte den Ventilator an, um den Rauch wegzublasen, und als das Feuer anfing zu brennen, ging ich in die Küche und goß mir noch einen Wodka ein. Als ich zurückkam, brannte alles glutrot und gut, wie so eine alte Hexe aus Boston, wie so ein Hiroshima, wie so eine Liebe, gar nicht wie so eine Liebe, und ich fühlte mich nicht wohl, ich fühlte mich gar nicht wohl. Ich trank das zweite Glas Wodka aus und merkte fast nichts mehr. Ich ging wieder in die Küche, um mir noch eins einzuschenken, und nahm das Küchenmesser mit. Ich warf das Messer in die Spüle und drehte den Verschluß von der Flasche ab. Ich schaute wieder zum Küchenmesser in der Spüle hin.

Auf seiner Schneide waren deutliche Blutspuren zu erkennen. Ich schaute mir meine Hände an. Ich schaute nach, ob ich mich geschnitten hatte. Christus hatte schöne Hände gehabt. Ich schaute mir meine Hände an. Da war kein Krätzerchen. Da war kein Rißlein. Da war noch nicht mal die Spur von einer Narbe. Ich fühlte, wie mir die Tränen runterliefen, sie rollten wie ein schweres, bewußtloses Etwas ohne Beine. Ich war verrückt. Ich muß wirklich verrückt sein.

Ein Genie

Heute hab ich im Zug einen
genialen Jungen
kennengelernt.
Er war ungefähr 6 Jahre alt,
saß direkt neben mir,
und als der Zug an der Küste
entlangfuhr
sah man das Meer
und wir schauten beide aus dem
Fenster
und sahen das Meer an
und dann drehte er sich
zu mir um
und sagte,
»Das is nich schön.«

Da ging mir das zum
erstenmal
auf.

1985 landet
der Bürgerschreck
Charles Bukowski
mit seiner Freundin
Linda Beighle
im Hafen der Ehe.

Dollars

Ich hatte schon immer Schwierigkeiten
mit Geld.
Einmal arbeitete ich in einem Betrieb
da aßen sie in der Werkskantine
die letzten drei Tage
vor jedem Zahltag
nur noch Hot Dogs und
Kartoffelchips.
Ich wollte Steaks.
Ich ging sogar zum
Küchenchef und
verlangte, daß er Steaks
serviert. Er weigerte sich.

Ich vergaß immer wieder den Zahltag.
Ich fehlte oft, und dann war
mal wieder Zahltag, und alle
redeten davon.
»Zahltag?« sagte ich dann. »Verdammt,
ist heute Zahltag? Ich hab ja noch
nicht mal meine *letzte* Lohntüte
abgeholt ...«

»Laß diesen Bullshit, Mann.«

»Nein, nein, ganz im Ernst …«

Ich sprang auf, ging ins Lohnbüro
und tatsächlich: da lag eine
Lohntüte für mich. Ich kam damit
zurück und zeigte sie ihnen:

»Meine Güte, die hatte ich ganz
vergessen …«

Aus irgendeinem Grund machte sie das
wütend. Dann kam der Mann vom Lohnbüro
herein. Jetzt hatte ich zwei
Lohntüten. »Jessas, *zwei* Lohn-
tüten!« sagte ich. Und sie waren
wütend. Manche von ihnen
mußten daneben noch einen
zweiten Job machen.

Der schlimmste Tag war
als es mal stark regnete.
Ich hatte keinen Regenmantel
deshalb zog ich einen sehr alten
Mantel an, den ich seit Monaten
nicht mehr getragen hatte. Ich kam
ein bißchen zu spät, und sie
arbeiteten schon.
Ich suchte in den Manteltaschen
nach Zigaretten
und fand eine 5-Dollar-Note
in der Seitentasche.
»Hey, seht mal«, sagte ich, »ich hab
gerade fünf Dollar gefunden, von denen
ich gar nicht mehr wußte, daß ich
sie habe! Ist das nicht komisch…«

»Hey, Mann, laß diesen
Scheiß!«

»Doch, doch im, *Ernst.* Ehrlich.
Ich erinnere mich, daß ich den Mantel
anhatte, als ich durch die Kneipen zog.

Ich bin schon so oft ausgemistet worden
daß ich jetzt immer Angst habe … ich
nehme das Geld aus der Brieftasche und
verteile es auf sämtliche Taschen …«

»Hock dich hin und
arbeite!«

Ich griff in eine Innentasche.
»Hey, seht mal, da ist ein ZWANZIGER!
Gott, ein ZWANZIGER! Gar nicht
gewußt, daß ich den habe!
Ich bin ja
REICH!«

»Du bist nicht witzig, du
Arschloch …«

»Hey, mein Gott, hier ist NOCH ein
Zwanziger! Unglaublich, einfach
unglaublich … Ich hab doch *gewußt*
daß ich an dem Abend nicht das
ganze Geld ausgegeben habe. Ich dachte,
sie hätten mich wieder ausgemistet…«

Ich suchte weiter meinen Mantel
durch. »Hey! Da ist ein Zehner, und
da ein Fünfer! Mein Gott…«

»Hör mal, ich sag dir: *Hock dich hin und halts Maul!...*«

»Mein Gott, ich bin REICH ... ich *brauch* diesen Job überhaupt nicht...«

»Mensch, hock dich jetzt bloß *hin!* ...«

Ich fand noch einen Zehner, nachdem
ich mich hingesetzt hatte, aber ich
sagte nichts davon.
Ich spürte Wellen von Haß.
Ich war ganz durcheinander.
Die glaubten, ich hätte das mit
Absicht gemacht, damit sie sich
mies fühlen. Das wollte ich
nicht. Leute, die drei Tage
vor jedem Zahltag nur noch von
Hot Dogs und Kartoffelchips leben
fühlen sich schon mies
genug.

Ich beugte mich
nach vorn und
begann zu arbeiten.

Draußen
regnete es
weiter.

Ein Abstecher
nach New Orleans
CHARLES
BUKOWSKI

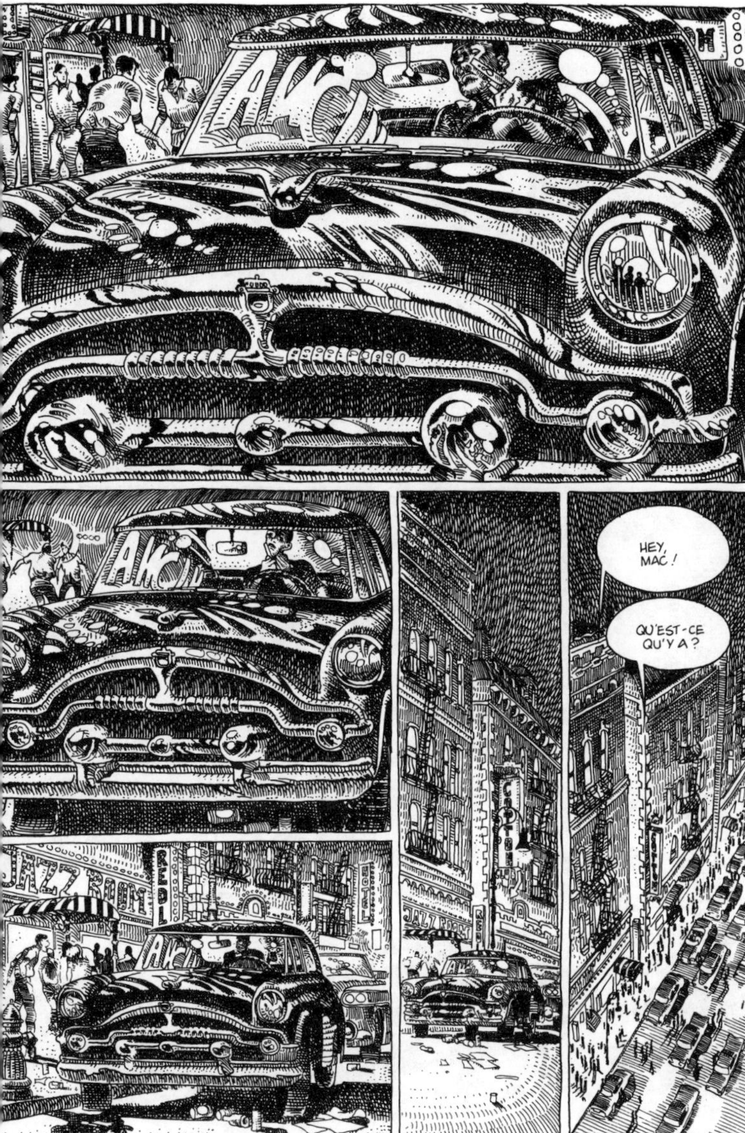
JAZZ ROOM
HEY, MAC !
QU'EST-CE QU'Y A ?

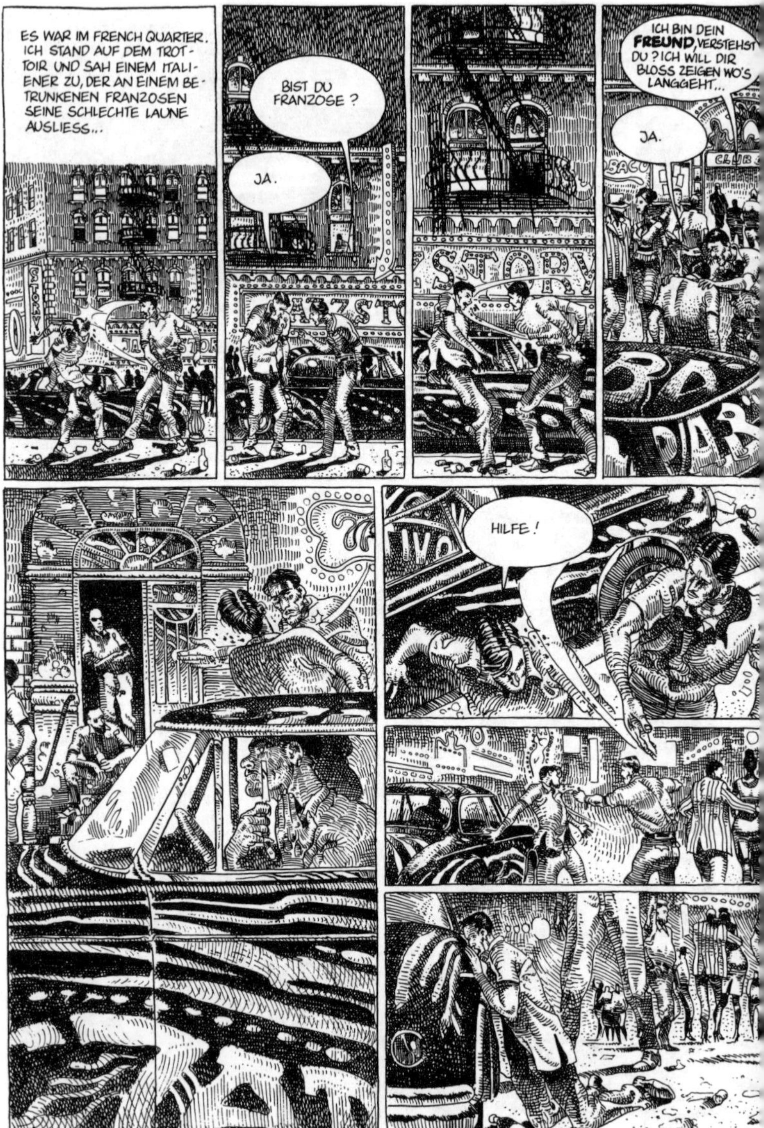

ES WAR IM FRENCH QUARTER. ICH STAND AUF DEM TROTTOIR UND SAH EINEM ITALIENER ZU, DER AN EINEM BETRUNKENEN FRANZOSEN SEINE SCHLECHTE LAUNE AUSLIESS...
BIST DU FRANZOSE ?
JA.
ICH BIN DEIN FREUND, VERSTEHST DU ? ICH WILL DIR BLOSS ZEIGEN WO'S LANGGEHT...
JA.
HILFE !

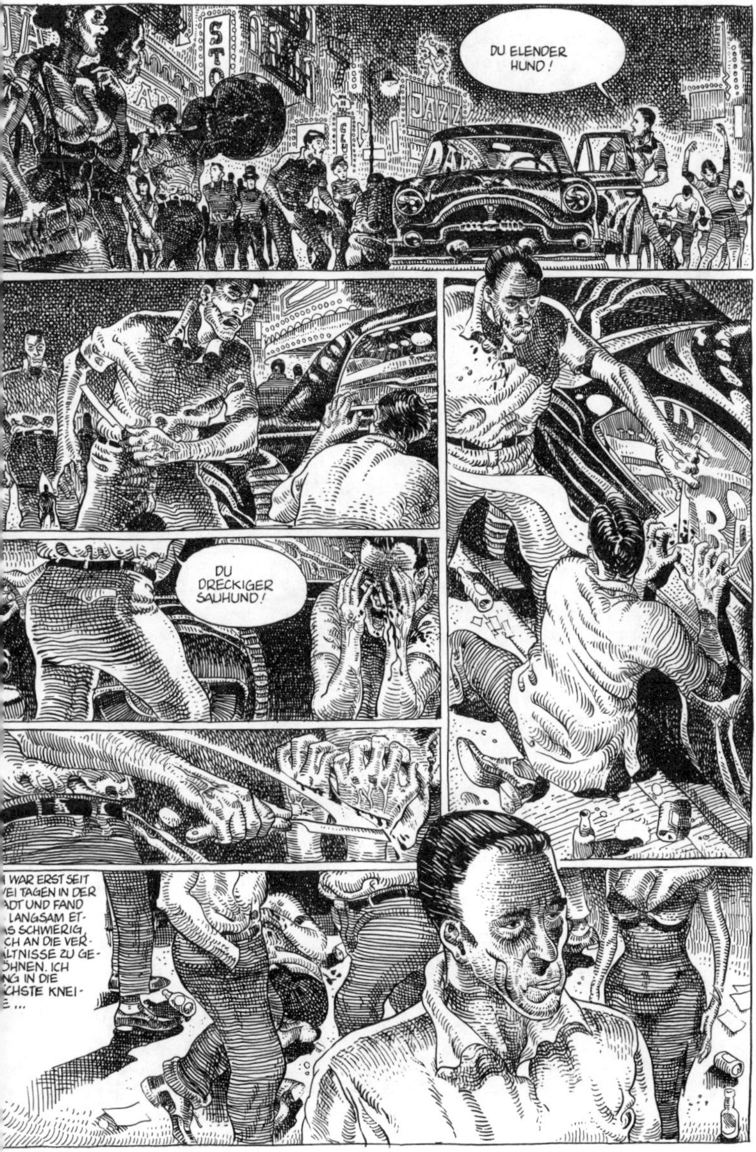
DU ELENDER HUND!
DU DRECKIGER SAUHUND!
WAR ERST SEIT
VEI TAGEN IN DER
ADT UND FAND
LANGSAM ET-
AS SCHWIERIG,
CH AN DIE VER-
ÄLTNISSE ZU GE-
ÖHNEN. ICH
NG IN DIE
CHSTE KNEI-
E ...

DUM CLAT
DUM CLAT
WIDEL
DUDEL
DU DU
BIST DU 'N FRANZOS', ODER BIST DU 'N ITAKER?
WEDER NOCH. ICH BIN IN CHINA GE BOREN. MEIN VATER W DORT MISSIONAR. EIN TIGER HAT IHN GEFRESSEN.
TAP TAP TAP
DU DU DU DU
DUM CLAT
DUM CLAT
DUM CLAT
GLÜCKLICHERWEISE BL BEN MIR WEITERE FRA ERSPART, WEIL IN DIESE AUGENBLICK DIE BAND ZU SPIELEN ANFING.
EIN BIER!
MEIN NAME IST SUNDERSON. SIE SEHEN AUS, ALS OB SIE ARBEIT SUCHEN.

WAS ICH BRAUCHE IST GELD. AUF ARBEIT BIN ICH NICHT GERADE SCHARF.
SIE MÜSSTEN NUR JEDE NACHT EIN PAAR STUNDEN HINTER DER KASSE SITZEN.
UND WAS IST DABEI DRIN?
8 DOLLAR DIE WOCHE. VORAUSGESETZT DIE KASSE STIMMT...
UND WIE WOLLEN SIE VERHINDERN, DASS ICH MIT DER KASSE TÜRME?
ICH HEUERE NOCH EINEN AN. AUCH FÜR 18 DOLLAR DIE WOCHE. DER PASST AUF SIE UND DIE KASSE AUF.
SIND SIE ZUFÄLLIG FRANZOSE?
SCHOTTE. ENTFERNTER VERWANDTER VON WINSTON CHURCHILL.
AHA. SOWAS ÄHNLICHES HAB ICH MIR AUCH GEDACHT...

GARAGE WORK
ABES PLATZA GAS STATION
ES WAR EINE ART TANKSTELLE. DER MANN HATTE EIN TAXI-UNTERNEHMEN, UND DIE FAHRER KAMEN AN ZUM TANKEN. ICH HATTE NICHTS ZU TUN, ALS BENZIN ZU ZAPFEN UND AUF DAS GELD AUFZUPASSEN.
CARS WASHED 95¢
IN DER SCHUBLADE LAG EINE GELADENE PISTOLE. IRGENDWIE MISSFIEL MIR DER GEDANKE, FÜR 18 DOLLAR IN DER WOCHE EINE VOLLE KASSE ZU BEWACHEN.
IN DER VIERTEN NACHT STAND PLÖTZLICH EINE JUNGE SCHWARZE IN DER TÜR. SIE STAND GUT UND GERNE DREI MINUTEN LANG DA UND LÄCHELTE MICH AN.
NA, WIE LÄUFT'S DENN SO? ICH HEISSE ELSIE.
NICHT BESONDERS. ICH HEISSE HANK.
SIE HATTE EIN DÜNNES ROTES FÄHNCHEN AN. ALS SIE AUF MICH ZUKAM, SCHIEN SO ETWAS WIE ELEKTRIZITÄT IM RAUM ZU KNISTERN.

KANN ICH EINEN SOFT-DRINK HABEN?
KLAR.
SIE GAB MIR DAS GELD. ICH SAH IHR ZU, WIE SIE DEN DECKEL DER KÜHLTRUHE AUFKLAPPTE UND SICH NACH VIELEM HIN UND HER EINE LIMONADE HERAUSHOLTE. SIE SETZTE SICH AUF EINEN BARHOCKER, HOB KURZ DIE FLASCHE IN MEINE RICHTUNG UND TRANK SIE RUNTER.
POP

ICH STARRTE SIE AN. IHREN KÖRPER. IHRE BEINE. MIR WURDE ZIEMLICH WARM UM'S HERZ. ES WURDE EINSAM IN DIESER BUDE, WENN MAN NACHT UM NACHT AUF SEINEM STUHL VOR SICH HINDÄMMERTE. UND DAS FÜR 18 DOLLAR DIE WOCHE.
WAS DAGEGEN, WENN ICH MORGEN NACHT 'N PAAR FREUNDINNEN MITBRINGE?
THANKS
YEH
ALSO SCHLECHT SEHN SIE NICHT AUS.
WENN SIE NUR HALB SO GUT AUSSEHN WIE DU, SWEETIE, DANN NICHTS WIE HER DAMIT.
NA DANN BIS MORGEN.
IN DER NÄCHSTEN NACHT KAM SIE MIT DREI ODER VIER FREUNDINNEN AN. SIE LACHTEN, REDETEN DURCHEINANDER UND MACHTEN SICH ÜBER DIE SOFT-DRINKS HER. ES KAM STIMMUNG IN DIE BUDE. MEIN JOB FING AN, MIR SPASS ZU MACHEN.

DER NACHT DARAUF WAREN SIE ZU ACHT, ND EINE NACHT SPÄTER WAREN ES REIZEHN ODER VIERZEHN. SIE BRACH-EN WHISKY UND GIN MIT, UND DIE STIMMUNG WURDE ZUNEHMEND OCKERER...
HEY! WILLST DU MIR DIE EINGEWEIDE OBEN RAUS SCHIEBEN MIT DEINER DICKEN FAHNEN-STANGE??

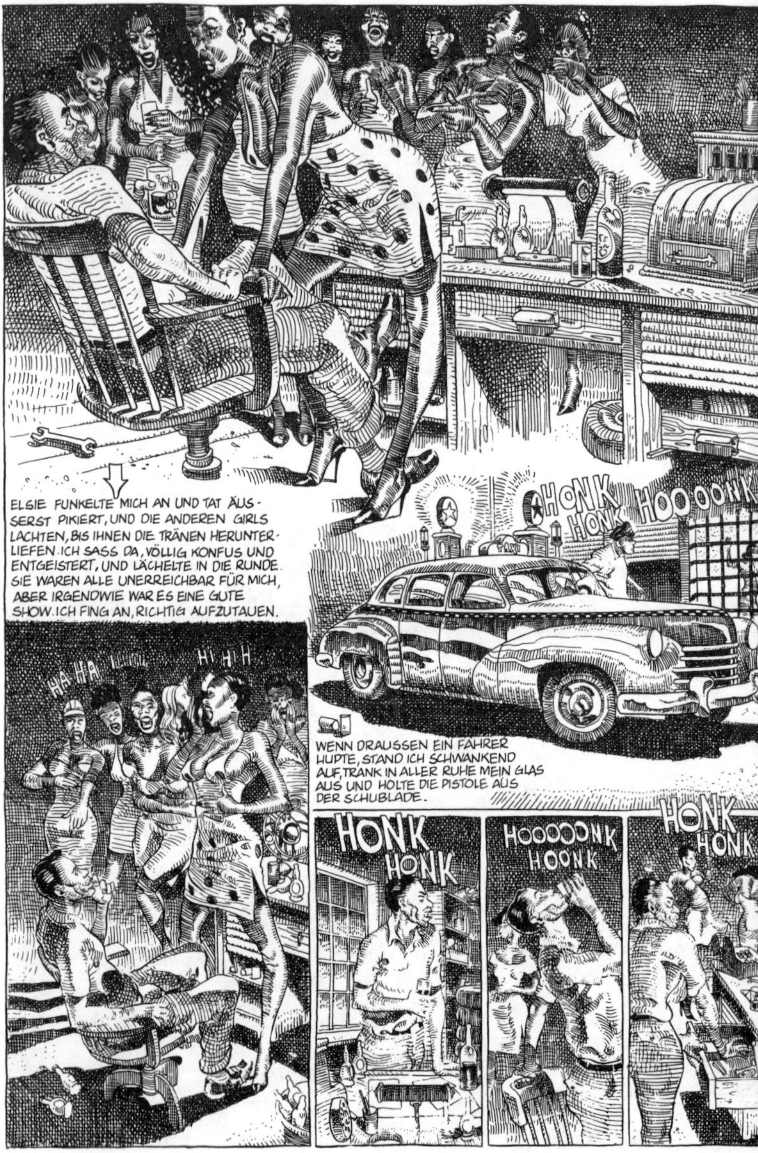
ELSIE FUNKELTE MICH AN UND TAT ÄUS-SERST PIKIERT, UND DIE ANDEREN GIRLS LACHTEN, BIS IHNEN DIE TRÄNEN HERUNTER-LIEFEN. ICH SASS DA, VÖLLIG KONFUS UND ENTGEISTERT, UND LÄCHELTE IN DIE RUNDE. SIE WAREN ALLE UNERREICHBAR FÜR MICH, ABER IRGENDWIE WAR ES EINE GUTE SHOW. ICH FING AN, RICHTIG AUFZUTAUEN.
HONK HONK
HOOOOONK
TAXI
HA HA
HI HI H
WENN DRAUSSEN EIN FAHRER HUPTE, STAND ICH SCHWANKEND AUF, TRANK IN ALLER RUHE MEIN GLAS AUS UND HOLTE DIE PISTOLE AUS DER SCHUBLADE.
HONK HONK
HOOOOONK HOONK
HONK HONK

ALSO, BABY, DU NIMMST JETZT DIE KNARRE UND BEWACHST DEN ZASTER IN DER KASSE, UND WENN EINS VON DIESEN GIRLS EINE DUMME BEWEGUNG MACHT, DANN BLÄST DU IHR NE KUGEL DURCH DIE MÖSE, KLAR?
UND DANN STAND ELSIE DA, MIT DIESER ENORMEN LUGER IN DER HAND. ES WAR EINE MERKWÜRDIGE KOMBINATION.
EINES NACHTS KAM EINER DER ITALIENISCHEN FAHRER HEREIN, UM SICH ETWAS ZU TRINKEN ZU HOLEN. PINELLI HIESS ER. SEIN NAME WAR SO ZIEMLICH DAS EINZIGE, WAS ICH AN IHM MOCHTE. ER KONNTE NICHT EINMAL NORMAL GEHEN. ER **STELZTE**. WIR IGNORIERTEN IHN.
VERDAMMT, DIE GANZEN SOFT-DRINKS SIND WEG! WER HAT DIE ALLE WEGGESOFFEN?!

ICH!
TEXACO OIL
TEXACO FIRE CHIEF
TOM'S CAB
DIESE GIRLS WAREN ES! UND DIE HABEN HIER DRIN NICHTS ZU SUCHEN! DIE DRINKS SIND NUR FÜR TAXIFAHRER!
UND WEISST DU, WAS DAS FÜR GIRLS SIND? HM?
ER PFLANZTE SICH VOR MICH HIN UND STELLTE DIE BEINE LEICHT AUSEINANDER. GENAU WIE EIN HUHN, BEVOR ES KACKT.
KLAR, DAS SIND ALLES MEINE FREUNDE.
NEE, DAS SIND ALLES NUTTEN! SIE ARBEITEN IN DREI VERSCHIEDENEN BORDELLEN UM DIE EKKE! NUTTEN SIND DAS, ALLE ZUSAMMEN!

KEINER SAGTE ETWAS. WIR STANDEN SCHWEIGEND UM IHN HERUM UND STARRTEN IHN AN. NACH EINER EWIGKEIT DREHTE ER SICH UM UND STELZTE HINAUS.
FAST HÄTT ICH DIESEM SCHEISSER EINEN NEUEN BAUCHNABEL VERPASST. ICH WILL VERDAMMT SEIN, WENN **DEN** NICHT NE VERGRÄTZTE NUTTE AUSGESCHISSEN HAT!
IM NÄCHSTEN AUGENBLICK WAR DIE BUDE LEER, UND ICH HOCKTE ALLEIN DA, MIT MEINEM GLAS IN DER HAND.
GEGEN 5 UHR FRÜH KAM DER BOSS REIN...
BUKOWSKI?
MR. SUNDERSON?
ICH MUSS SIE ENTLASSEN.
WIESO, WAS IST KAPUTT?
DIE JUNGS SAGEN, SIE HÄTTEN HIER LOSE SITTEN EINREISSEN LASSEN, DER GANZE LADEN VOLLER NUTTEN MIT RAUSHÄNGENDEN TITTEN UND BEINE BREIT UND SO – UND SIE SOLLEN DAZWISCHEN RUMGEKROCHEN SEIN UND GELECKT UND GEMACHT HABEN, UND DAS NACHT FÜR NACHT! STIMMT DAS?
NÖ, KANN MAN EIGENTLICH NICHT SAGEN...
JEDENFALLS, ICH WERDE HIER JETZT SELBST NACH DEM RECHTEN SEHEN, BIS ICH EINEN VERTRAUENSWÜRDIGEN MANN FÜR DEN JOB FINDE...
TJA, WENN SIE MEINEN... ES IST IHRE SHOW, SUNDERSON.
STOP

ES MUSS UNGEFÄHR ZWEI NÄCHTE SPÄTER GEWESEN SEIN. ICH WAR IN EINER BAR GEWESEN, UND AUF DEM NACHHAUSEWEG FASSTE ICH DEN ENTSCHLUSS, MAL BEI DER ALTEN TANKSTELLE VORBEIZUSCHAUEN. ALS ICH ANKAM, STANDEN DREI ÜBERFALLWAGEN DA.
EIN STÜCK WEITER ERKANNTE ICH MARTY MIT SEINEM WAGEN.
WAS IST DENN HIER LOS, MARTY?
TAXI
SUNDERSON. ABGESTOCHEN WIE NE SAU. UND EINEN FAHRER HABEN SIE MIT DER KNARRE UMGELEGT.
IST JA WIE IM KINO. UND DER FAHRER, DEN ES ERWISCHT HAT - WAR ES PINELLI?
YEAH. WIE KOMMST DU DRAUF?
LOCH IM BAUCH?
YEAH! WOHER WEISST DU DAS?
JAZZ
ICH GAB IHM KEINE ANTWORT UND GING WEITER. HM. ELSIE, DIE SAGENHAFTE SCHWARZE NUTTE. ICH HÄTTE WAS DARUM GEGEBEN, WENN ICH SIE HÄTTE SEHEN KÖNNEN, WIE SIE DEM GELACKTEN AFFEN EINEN NEUEN BAUCHNABEL VERPASSTE. ICH SUCHTE MIR EINE KNEIPE, DIE NOCH OFFEN HATTE ...
BAR

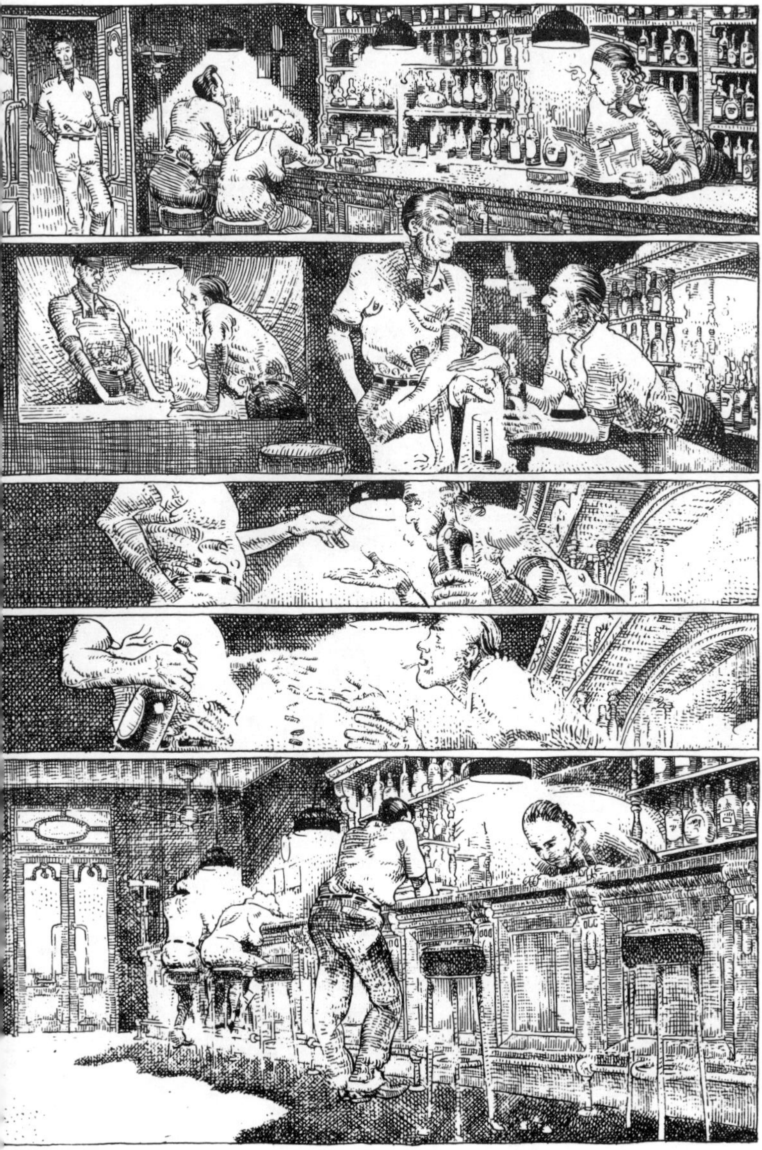

BAR
man's
CA
RICHIES
GIFTCEN
GIFTS JEWELRY WATCH-RE
Headquarters FOR SUNGLAS

KING
ONUTS
Sold here
ST
HANDBAGS

Henry Beckett

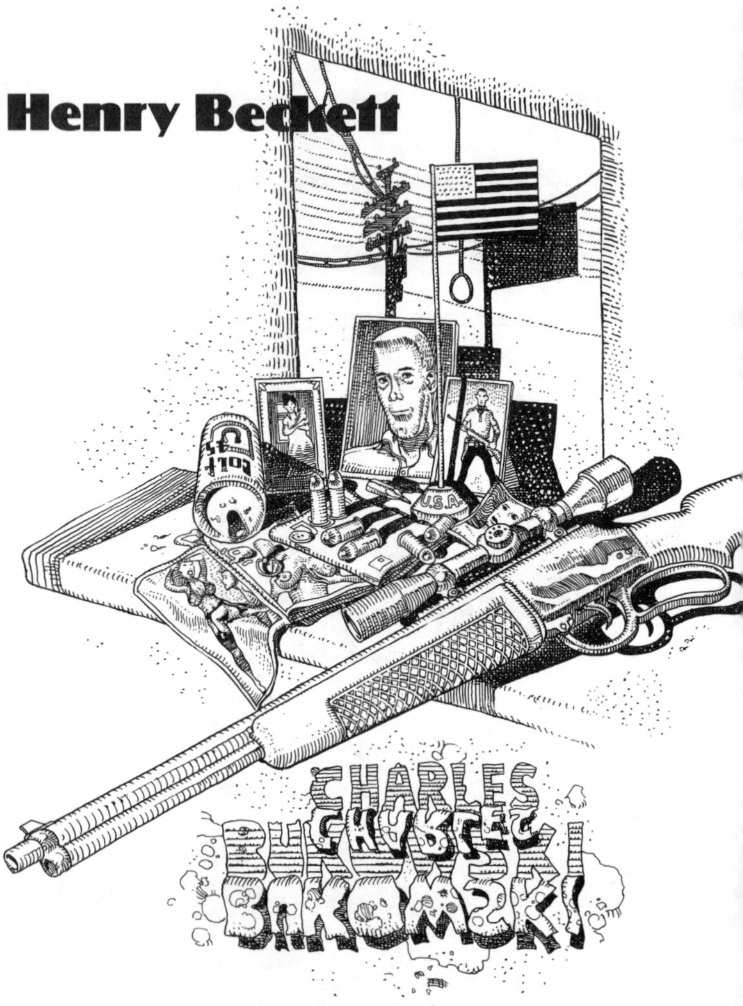

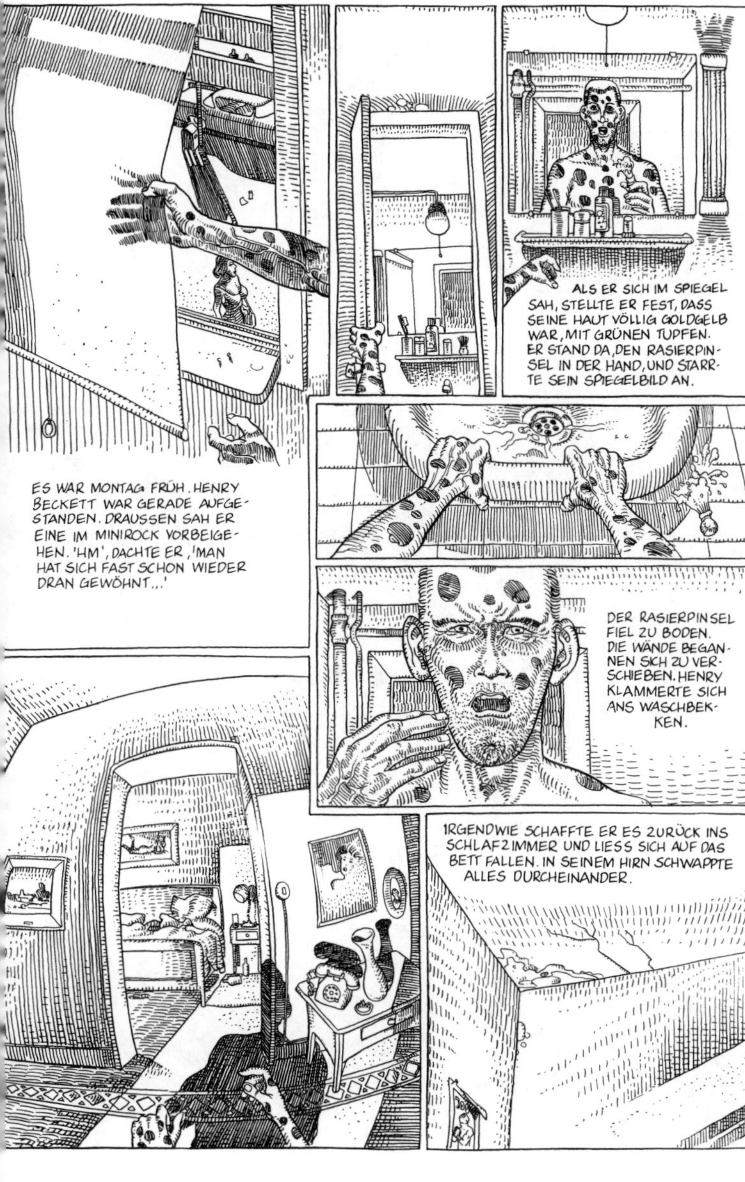
ES WAR MONTAG FRÜH. HENRY BECKETT WAR GERADE AUFGESTANDEN. DRAUSSEN SAH ER EINE IM MINIROCK VORBEIGEHEN. 'HM', DACHTE ER, 'MAN HAT SICH FAST SCHON WIEDER DRAN GEWÖHNT...'
ALS ER SICH IM SPIEGEL SAH, STELLTE ER FEST, DASS SEINE HAUT VÖLLIG GOLDGELB WAR, MIT GRÜNEN TUPFEN. ER STAND DA, DEN RASIERPINSEL IN DER HAND, UND STARRTE SEIN SPIEGELBILD AN.
DER RASIERPINSEL FIEL ZU BODEN. DIE WÄNDE BEGANNEN SICH ZU VERSCHIEBEN. HENRY KLAMMERTE SICH ANS WASCHBEKKEN.
IRGENDWIE SCHAFFTE ER ES ZURÜCK INS SCHLAFZIMMER UND LIESS SICH AUF DAS BETT FALLEN. IN SEINEM HIRN SCHWAPPTE ALLES DURCHEINANDER.

ER STAND AUF, GING ZURÜCK INS BAD UND SAH WIEDER IN DEN SPIEGEL. GOLDGELB. MIT GRÜNEN TUPFEN.
JA, HALLO? HIER IST HENRY BECKETT. ICH KANN HEUTE NICHT KOMMEN. ICH BIN KRANK... WAS? OH, WAS MIT DEM MAGEN. JA. VÖLLIG VERKORKST.
HÖREN SIE, DAS IST EIN DRINGENDER FALL! ES GEHT UM LEBEN UND TOD! SIE MÜSSEN MIR UNBEDINGT NOCH HEUTE EINEN TERMIN GEBEN!...
IMMER NOCH DASSELBE. ES WAR ZUM FÜRCHTEN. ER MUSSTE DRINGEND ZU EINEM ARZT.

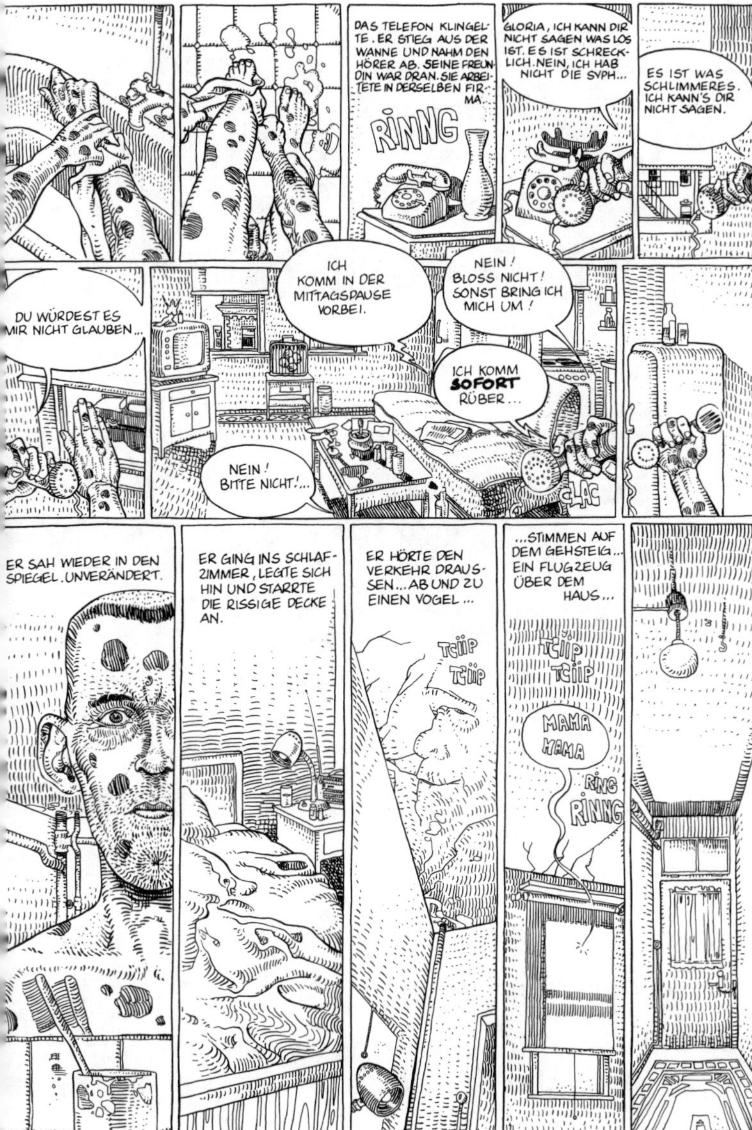

DAS TELEFON KLINGELTE. ER STIEG AUS DER WANNE UND NAHM DEN HÖRER AB. SEINE FREUNDIN WAR DRAN. SIE ARBEITETE IN DERSELBEN FIRMA.
RINNG
GLORIA, ICH KANN DIR NICHT SAGEN WAS LOS IST. ES IST SCHRECKLICH. NEIN, ICH HAB NICHT DIE SYPH...
ES IST WAS SCHLIMMERES. ICH KANN'S DIR NICHT SAGEN.
DU WÜRDEST ES MIR NICHT GLAUBEN...
ICH KOMM IN DER MITTAGSPAUSE VORBEI.
NEIN! BLOSS NICHT! SONST BRING ICH MICH UM!
ICH KOMM SOFORT RÜBER...
NEIN! BITTE NICHT!...
CLAC
ER SAH WIEDER IN DEN SPIEGEL. UNVERÄNDERT.
ER GING INS SCHLAFZIMMER, LEGTE SICH HIN UND STARRTE DIE RISSIGE DECKE AN.
ER HÖRTE DEN VERKEHR DRAUSSEN... AB UND ZU EINEN VOGEL...
TCIIP TCIIP
...STIMMEN AUF DEM GEHSTEIG... EIN FLUGZEUG ÜBER DEM HAUS...
TCIIP TCIIP
MAMA MAMA
RING RINNG

ES KLINGELTE AN DER TÜR. ER GING NACH VORN UND ZOG DEN VORHANG ZUR SEITE. ES WAR GLORIA. ER FÜHLTE, WIE SEIN HERZ SCHLUG. ES TICKTE WIE EINE ZEITBOMBE IN EINER LEEREN BESENKAMMER.
ICH KANN DICH NICHT REINLASSEN, GLORIA!
MACH SCHON AUF, DU DOOFER ARSCH!
GLORIA, DU VERSTEHST NICHT...
MACH DIE TÜR AUF, HAB ICH GESAGT!
ACH VERDAMMT NOCHMAL...!
ER SPÜRTE, WIE IHM DER SCHWEISS HINTER DEN OHREN HERUNTERLIEF. ER RISS DIE TÜR AUF.
JESSES!
SIEHST DU? ICH HAB DIR'S JA GESAGT!
WAS IST DAS?
ICH WEISS NICHT! ICH HAB KEINE AHNUNG! FASS MICH NICHT AN... VIELLEICHT IST ES WAS ANSTEKKENDES...
MEIN ARMER HENRY. MEIN ARMER JUNGE...
VERDAMMT! ICH HAB DIR GESAGT, DU SOLLST WEGBLEIBEN!
WIESO? DU SIEHST BEINAH HÜBSCH DAMIT AUS...
ABER NUR BEINAH! WIE SOLL ICH IN DEM ZUSTAND VERSICHERUNGSPOLICEN VERKAUFEN?!
HA HA HA HA HA HA HA
SIE MUSSTEN BEID LACHEN. DANN HOC ER PLÖTZLICH AUF COUCH UND HATTE HÄNDE VOR SEINEN GRÜN-GOLDENEN G SICHT U SCHLUG T
WARUM KANN ES NICHT KREBS SEIN...ODER EIN HERZINFARKT... I GENDWAS NORMA LES. GOTT HAT AU MICH GESCHISSE DAS IST ES: GOTT HAT AUF MICH GE SCHISSEN!

SIE NAHM IHN IN DIE ARME … KÜSSTE SEINE HÄNDE. ER STIESS SIE WEG.
HÖR AUF! HÖR AUF!
ICH LIEBE DICH, HENRY. MIR IST DAS GANZ GLEICH.
IHR GOTTVERDAMMTEN WEIBER SEID ALLE BESCHEUERT!
ABER JA. WANN BIST DU ZUM ARZT BESTELLT?
HALB VIER.
ICH MUSS ZURÜCK INS BÜRO. RUF MICH AN, WENN SICH WAS HERAUSSTELLT. ICH KOMM HEUT ABEND WIEDER VORBEI.
OKAY, OKAY.
ZEHN NACH DREI HATTE ER EINEN HUT AUF, TIEF IN DIE STIRN GEZOGEN, EINEN SCHAL UM DEN HALS UND EINE SONNENBRILLE AUF DER NASE. BEIM FAHREN SAH ER IMMER GERADEAUS, ALS OB ER SICH DADURCH UNSICHTBAR MACHEN KÖNNTE … DAS WARTEZIMMER WAR VOLL BESETZT. ER SAH IN EINE ILLUSTRIERTE UND VERSUCHTE NICHT AUFZUFALLEN. EINE WEILE GING ALLES GUT. DANN GESCHAH DAS UNVERMEIDLICHE …
LOOK
TODAY'S KIDS TOMORROW'S CHAMPS
EVEN YOUNGSTERS WITH TALENT HAVE A TOUGH ROAD TO TRAVEL
MAMMI, WAS IST MIT DEM MANN SEINEM **GESICHT**?

SCHSCHHH! SEI DOCH STILL!
ABER ES IST GANZ GELB UND HAT LAUTER SO ROTE TUPFEN!
MARY ANN! ICH HAB GESAGT, DU SOLLST STILL SEIN! JETZT SETZ DICH MAL HIER HIN UND HÖR MIT DER RENNEREI AUF...
ABER MAMMI...
MR. BECKETT...
NUN, WAS FEHLT UNS DENN, MR. BECKETT...
SIE BRAUCHEN MICH NUR ANZUSEHN, DANN WISSEN SIE ES.
GÜTIGER GOTT!
YEAH
ICH HABE SO ETWAS NOCH NIE GESEHEN. MACHEN SIE SICH BITTE FREI. WANN IST DAS ZUM ERSTEN MAL AUFGETRETEN?
HEUTE MORGEN, ALS ICH AUFGEWACHT BIN.
WIE FÜHLEN SIE SICH?
ALS WÄR ICH VON KOPF BIS FUSS MIT SCHEISSE VOLLGESCHMIERT.
AAHHH
ICH MEINE KÖRPERLICH.
ICH HAB MICH GLÄNZEND GEFÜHLT, BIS ICH IN DEN SPIEGEL GESCHAUT HABE.
HM... IHR BLUTDRUCK IST NORMAL.
HÖREN SIE AUF MIT DEM QUATSCH, DOKTOR. ALS NÄCHSTES LASSEN SIE MICH NOCH AUF DIE WAAGE STEHN. GEBEN SIE'S RUHIG ZU: SIE WISSEN NICHT, WAS ES IST.
NEIN, HABE ICH NIEMALS DERARTIGES GESEHN.
IHRE GRAMMATIK IST NICHT GANZ IN ORDNUNG, DOKTOR. WO SIND SIE HER?
AUS ÖSTERREICH.
AH JA. UND WAS WOLLEN SIE JETZT MIT MIR MACHEN?
ICH WEISS NICHT. VIELLEICHT EIN HAUTSPEZIALIST... STÄNDIGE BEOBACHTUNG... TESTS...
ICH BIN SICHER, DIE WÜRDEN MICH SEHR INTERESSANT FINDEN. ABER ES WIRD NICHT WEGGEHEN.

WAS WIRD NICHT WEGGEHEH ?
WAS ICH DA HA-BE. ICH SPÜRE ES. ES WIRD NIE MEHR WEGGEHEN.
ABER MR. BECKETT! ICH BITTE SIE ÜBER-STÜRZEN SIE NICHTS...!
DANN WAR ER ANGEZOGEN UND DRAUSSEN. HUT, SCHAL UND SONNEN-BRILLE LIESS ER LIEGEN. ZUHAUSE GRIFF ER SICH SEINE JAGDFLINTE UND GENUG PATRONEN, UM EIN GANZES BATAIL-LON UMZULEGEN.
EXTRA POWER
22

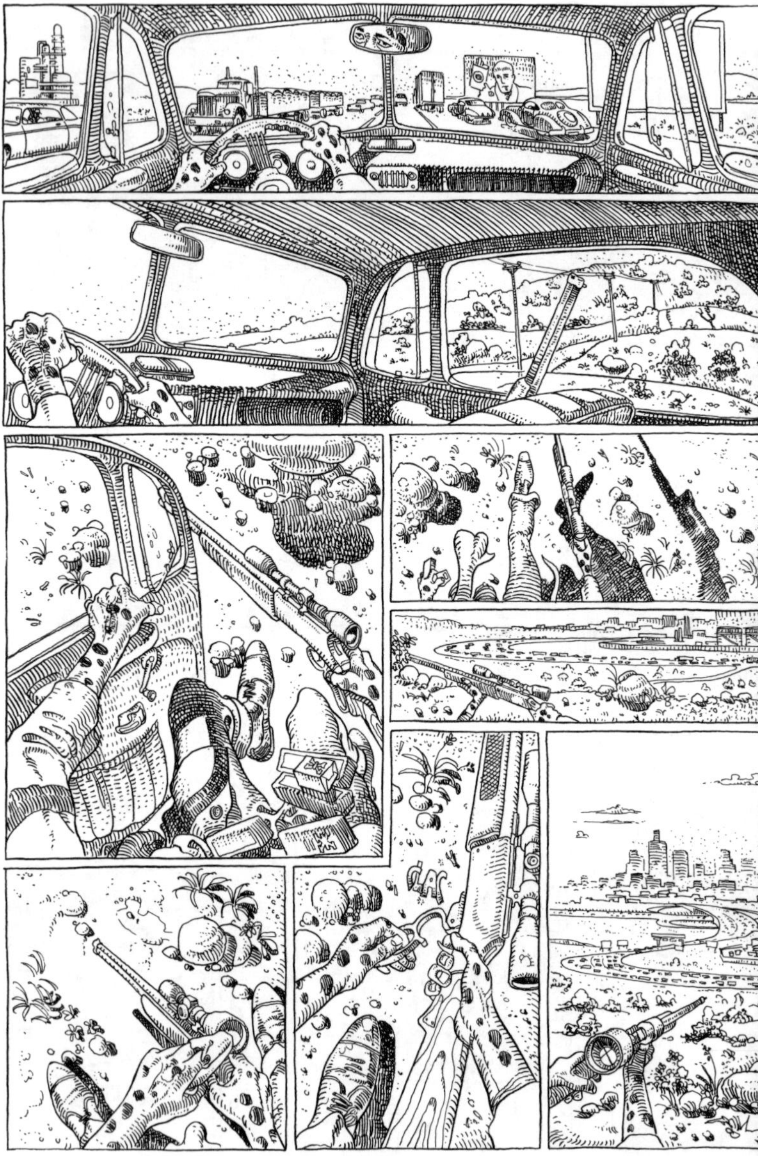

POW
POW
POW
POW
POW
ER VERKEHR AUF DEM
REEWAY STOPPTE. LEUTE
STIEGEN AUS IHREN WAGEN.
ER BESCHLOSS, KEINE WEITEREN
FRAUEN ZU ERSCHIESSEN. DAS SAH
NICHT GUT AUS. EIN DOKTOR AUS ÖSTER-
REICH. HATTEN SIE IN ÖSTERREICH KEINE
KRANKEN? WARUM WAR ER NICHT
DORT GEBLIEBEN?

ER ERWISCHTE VIER ODER FÜNF MÄNNER, BEVOR SIE DA UNTEN ÜBERHAUPT MERKTEN, WAS LOS WAR. DANN TRAFEN DIE BULLEN EIN. UND DIE KRANKENWAGEN. SIE SPERRTEN DEN FREEWAY.
POW POW
POW
UI UI
UI UI
POW
POW
POW
POW
POW
POW

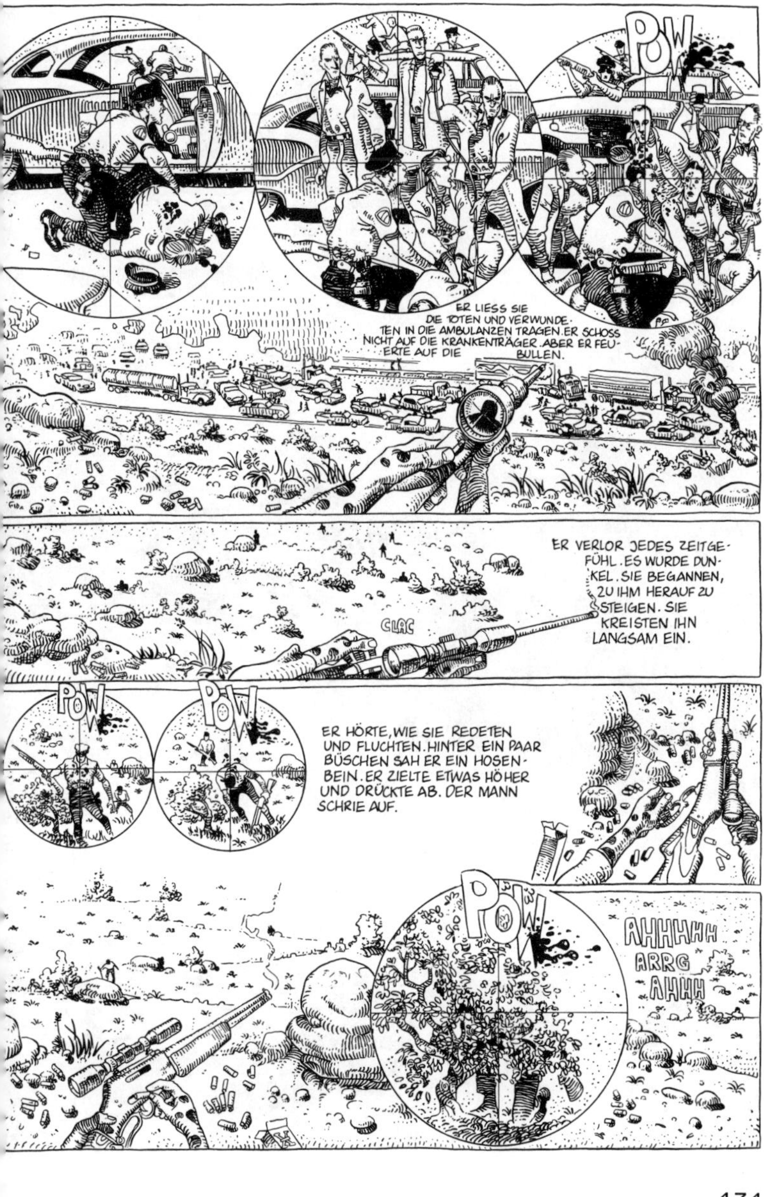
POW
ER LIESS SIE DIE TOTEN UND VERWUNDETEN IN DIE AMBULANZEN TRAGEN. ER SCHOSS NICHT AUF DIE KRANKENTRÄGER. ABER ER FEUERTE AUF DIE BULLEN.
ER VERLOR JEDES ZEITGEFÜHL. ES WURDE DUNKEL. SIE BEGANNEN, ZU IHM HERAUF ZU STEIGEN. SIE KREISTEN IHN LANGSAM EIN.
CLAC
POW
POW
ER HÖRTE, WIE SIE REDETEN UND FLUCHTEN. HINTER EIN PAAR BÜSCHEN SAH ER EIN HOSENBEIN. ER ZIELTE ETWAS HÖHER UND DRÜCKTE AB. DER MANN SCHRIE AUF.
POW
AHHHHH
ARRG
AHHH

ES WURDE IMMER DUNKLER. GLORIA HÄTTE IHN GARANTIERT SITZEN LASSEN. ER HÄTTE SIE AUCH SITZEN LASSEN, WENN SIE JEMALS SO ETWAS GEHABT HÄTTE.
SIE WUSSTEN, DASS ER IN DER FALLE SASS, DA OBEN AUF DEM HÜGEL. ABER SIE KONNTEN NICHT MEHR NÄHER HERAN-- ES GAB KEINE DECKUNG MEHR.
POW
LEUCHTKUGELN. SCHEISSE. DIE KANN ICH NICHT ALLE ABSCHIESSEN... ES SIND ZUVIELE.
?

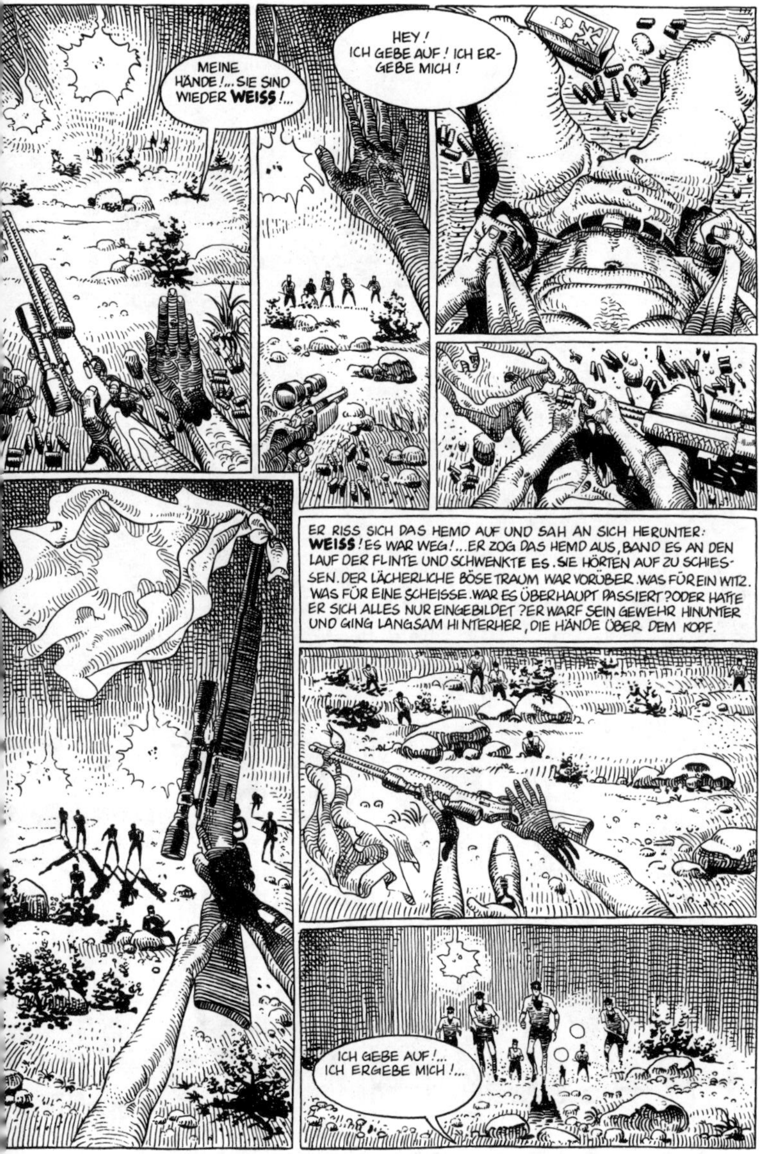
MEINE HÄNDE!... SIE SIND WIEDER WEISS!...
HEY! ICH GEBE AUF! ICH ERGEBE MICH!
ER RISS SICH DAS HEMD AUF UND SAH AN SICH HERUNTER: WEISS! ES WAR WEG!... ER ZOG DAS HEMD AUS, BAND ES AN DEN LAUF DER FLINTE UND SCHWENKTE ES. SIE HÖRTEN AUF ZU SCHIESSEN. DER LÄCHERLICHE BÖSE TRAUM WAR VORÜBER. WAS FÜR EIN WITZ. WAS FÜR EINE SCHEISSE. WAR ES ÜBERHAUPT PASSIERT? ODER HATTE ER SICH ALLES NUR EINGEBILDET? ER WARF SEIN GEWEHR HINUNTER UND GING LANGSAM HINTERHER, DIE HÄNDE ÜBER DEM KOPF.
ICH GEBE AUF!... ICH ERGEBE MICH!...

WAS SOLLEN WIR JETZT MACHEN ?
ICH WEISS NICHT...
PASS BLOSS AUF, VIELLEICHT IST ES EIN TRICK...
ER HAT EDDIE UND WEAVER AUF DEM GEWISSEN... ICH HASSE DIE DRECKSAU !
ER KOMMT IMMER NÄHER !
ICH ERGEBE MICH !
POW
POW
ICH ERGEBE MICH...
POW
ICH...
POW
POW

EINER DER BULLEN GAB FÜNF SCHÜSSE AUF IHN AB. DREI TRAFEN IHN IN DEN BAUCH. ZWEI GINGEN DURCH DIE LUNGE. SIE LIESSEN IHN GUT EINE MINUTE LIEGEN. DANN KAMEN SIE HERAN. DER BULLE, DER GESCHOSSEN HATTE, ERREICHTE IHN ALS ERSTER. ER SETZTE DEN STIEFEL AN SEINER SEITE AN UND DREHTE IHN MIT EINEM SCHWUNG AUF DEN RÜCKEN. DER VERKEHR AUF DEM FREEWAY WICKELTE SICH WIEDER SO REIBUNGSLOS AB, ALS SEI NICHTS GESCHEHEN.
SSSSSSS
SSSSSSS
SSSSSSSSSS

2347 Duane

Sitze da und sehe auf dieses
Bild von einem blauen Baby
das an einer blauen Brust saugt,
eine grüne Weinranke hängt von
der Decke, und rechts davon,
vor einem dunkelbraunen Hintergrund,
hat sich ein hellbraunes Girl
verkehrt herum auf einen Stuhl
gesetzt und sieht nachdenklich zu.
Jetzt ist mir die Zigarette aus-
gegangen. Es gibt nie Streichhölzer
hier drin, ich stehe also auf,
geh in die Küche und mach sie mir
an dem 30 Jahre alten Gasherd
wieder an, ohne daß meinem Skalp
etwas passiert, dann zurück in
das vordere Zimmer, und mein Blick
fällt auf ein Bild von einer großen
altmodischen Schere auf einem
rosaroten Stuhl.
Es ist eine Viertelstunde nach
Mitternacht, der Riegel an der Tür
ist vor, und auf der schiefen Steh-

lampe neben dem Bett sitzt ein
roter Schlapphut, der als Lampenschirm
dient, und ein kleiner Hund
hebt den Kopf und knurrt den hohen
kalten Himmel draußen an. Zwei
Matratzen liegen auf dem Boden.
Auf der einen habe ich viele Nächte
geschlafen. Der alte Bungalow
soll demnächst von Bulldozern weg-
saniert werden. Er gehört einem
japanischen Ringkämpfer namens Fuji.
Ich sehe nicht, wie man ihn durch
etwas Besseres ersetzen könnte.

Heute abend hat sie die Wasserhähne
von Badewanne und Küchenspüle
repariert. Eine Zigarette kann sie
nicht drehen, aber dafür spart
sie uns den Klempner. Wir haben ein
Kentucky Fried Chicken gegessen,
mit Kohlsalat, Kartoffelbrei, Soße
und Semmeln. Es ist jetzt 23 Minuten
nach Mitternacht, und die Bulldozer
werden uns die Bude unter dem Arsch
wegschieben, nicht morgen, aber
bald. Der Hund knurrt wieder
den Himmel an, und meine Zigarette
ist schon wieder aus. Die Liebe,
auf dieser Matratze neben der Tür,
der Sex, die Streitereien, die
Unterhaltungen und Träume – die
Bulldozer werden es nicht aus-
löschen können. Auch wenn sie

die Bäume niederwalzen, das
Scheißhaus, den Weg draußen auf-
reißen – sie werden es nicht alles
wegkriegen. Und wenn ich in 6 Monaten
hier vorbeifahre und das Apartment-
Hochhaus sehe mit den fünfzig
Leuten drin, denen keine Betonwabe
zu teuer ist, werde ich immer noch
das Bild von dem blauen Baby sehen
das an einer blauen Brust saugt,
die Weinranke von der Decke, das
braune Girl, die tropfenden Wasser-
hähne, die Spinnen und Termiten, die
grau und gelb gestrichenen Wände,
das Tischtuch, das am Fenster zur Straße
die Jalousie ersetzt, und diese
Matratze neben der Tür.

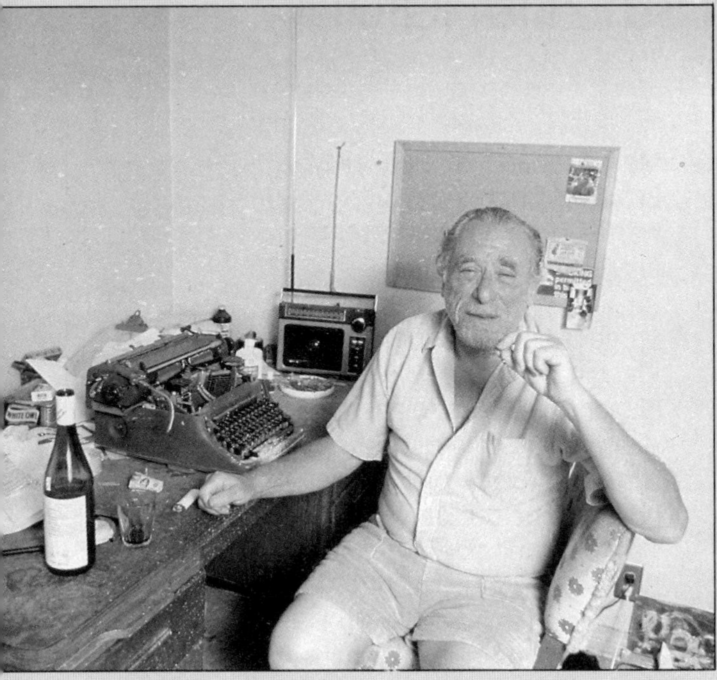

Ersatzhandlung

Mein Zahnarzt ist ein Säufer.
Er kommt hereingestürzt
während ich den Zahnstein
entfernt kriege. »Hey,
du alter Wichser! Schreibst du
immer noch dreckige Geschichten?«
»Ja.«
Er sieht die Helferin an:
»Ich und dieser alte Wichser,
wir haben beide mal für die
Post gearbeitet, da unten im
Terminal Annex!«
Die Helferin sagte nichts.
»Jetzt sieh uns an! Wir sind
da rausgekommen! Wir haben uns
diesen Laden vom Hals
geschafft, was?«
»Ja. Und wie.«
Er rennt ins nächste Behandlungs-
zimmer. Er stellt lauter
wunderschöne junge Girls an,
sie sind überall. Sie arbeiten
vier Tage in der Woche

und er fährt einen gelben
Cadillac. Außer dem Wartezimmer
hat er acht Behandlungsräume,
alle voll ausgerüstet.
Die Helferin drückt ihren
Körper an mich. Es ist
unglaublich. Ihr Busen, ihre
Schenkel, ihr ganzer Körper
drückt sich an mich. Sie
schabt an meinen Zähnen und
sieht mich an: »Tu ich Ihnen weh?«
»Nein nein, nur zu!«

Nach 15 Minuten ist der
Zahnarzt wieder da.
»Hey, was ist los? Warum
dauert das so lange?!«
»Doktor, dieser Mann hier
hat seine Zähne seit fünf
Jahren nicht mehr gereinigt
bekommen. Sie sind total
verdreckt.«
»Na schön. Machen Sie
Schluß mit ihm! Geben Sie
ihm einen neuen Termin!«
Er rennt wieder raus.
»Möchten Sie einen neuen
Termin?« Sie sieht mir
dabei in die Augen.
»Aber ja«, sag ich.
Sie drückt ihren Körper
voll an mich und schabt
noch ein bißchen herum.

Für die ganze Nummer,
einschließlich Röntgen-
aufnahmen, verlangte sie
nur vierzig Dollar.
Aber ihren Namen wollte sie
mir nicht sagen.

New York für 95cents pro Tag

CHEVRO
PLA
PE
Cola
COLUMBIA PICTURES
THE LAW
ES WAR DER REINE IRRSINN. DA STAND ICH MIT MEINEM PAPPKOF-
FER AM TIMES SQUARE, UND SIE KAMEN AUS ALLEN LÖCHERN HERAUSGEQUOLLEN, REMPEL-
TEN MICH AN UND SCHOSSEN BLINDLINGS AN MIR VORBEI. END-
LICH GELANG ES MIR, EINEN VON IHNEN ZU FRAGEN, WIE MAN INS VILLAGE KOMMT...
DEWEY
CAPIT
HOTEL
HOTEL

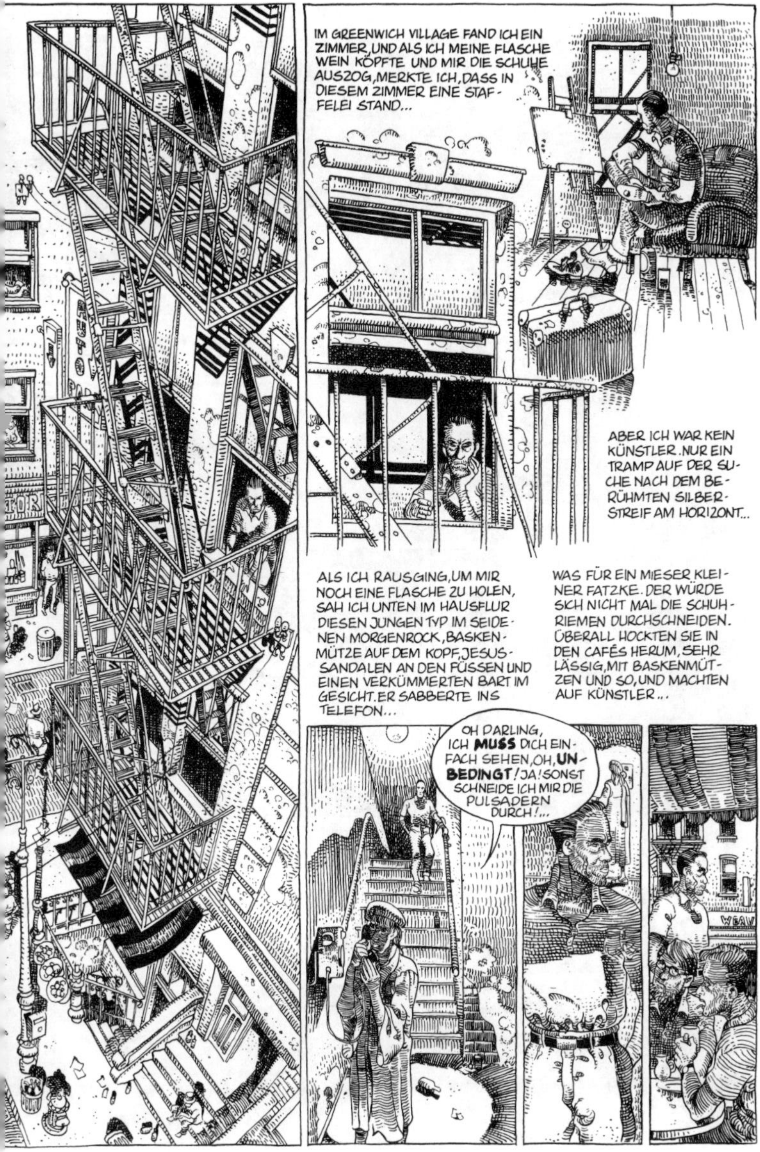
IM GREENWICH VILLAGE FAND ICH EIN ZIMMER, UND ALS ICH MEINE FLASCHE WEIN KÖPFTE UND MIR DIE SCHUHE AUSZOG, MERKTE ICH, DASS IN DIESEM ZIMMER EINE STAFFELEI STAND...
ABER ICH WAR KEIN KÜNSTLER. NUR EIN TRAMP AUF DER SUCHE NACH DEM BERÜHMTEN SILBERSTREIF AM HORIZONT...
ALS ICH RAUSGING, UM MIR NOCH EINE FLASCHE ZU HOLEN, SAH ICH UNTEN IM HAUSFLUR DIESEN JUNGEN TYP IM SEIDENEN MORGENROCK, BASKENMÜTZE AUF DEM KOPF, JESUSSANDALEN AN DEN FÜSSEN UND EINEN VERKÜMMERTEN BART IM GESICHT. ER SABBERTE INS TELEFON...
WAS FÜR EIN MIESER KLEINER FATZKE. DER WÜRDE SICH NICHT MAL DIE SCHUHRIEMEN DURCHSCHNEIDEN. ÜBERALL HOCKTEN SIE IN DEN CAFÉS HERUM, SEHR LÄSSIG, MIT BASKENMÜTZEN UND SO, UND MACHTEN AUF KÜNSTLER...
OH DARLING, ICH **MUSS** DICH EINFACH SEHEN, OH, **UNBEDINGT**! JA! SONST SCHNEIDE ICH MIR DIE PULSADERN DURCH!...

ICH BLIEB EINE WOCHE DA UND SASS MEINE MIETE AB. DANN NAHM ICH MIR EIN ZIMMER AUSSERHALB DES VIL-LAGE. ES KOSTETE ERSTAUNLICH WENIG. AN DER ECKE WAR EINE BAR, DA SASS ICH DEN GANZEN TAG ÜBER A MEINEM BIER. DAS GELD GING MIR LANGSAM AUS, ABER WIE GEWÖHNLICH WAR MIR DER GEDANKE AN EINEN JOB ZUWIDER.
BAR
SPÄT AM ABEND STIEG ICH MIT ZWEI FLA-SCHEN PORTWEIN ZU MEINER BUDE HOCH...

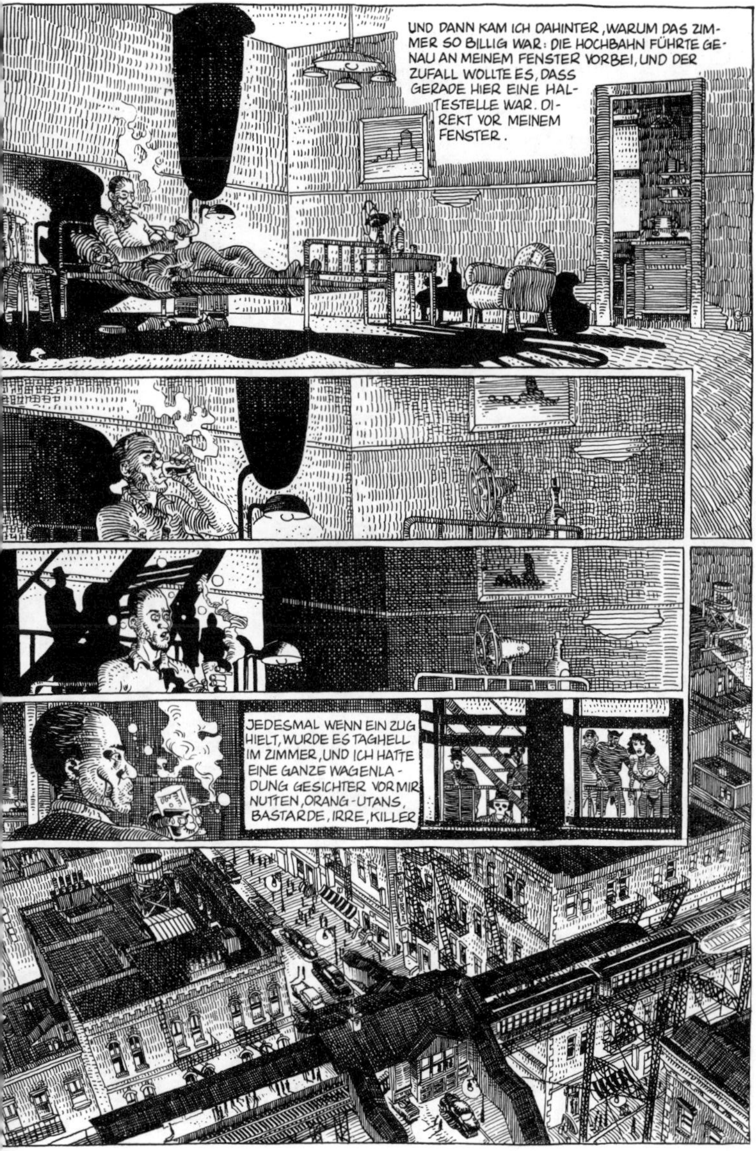
UND DANN KAM ICH DAHINTER, WARUM DAS ZIMMER SO BILLIG WAR: DIE HOCHBAHN FÜHRTE GENAU AN MEINEM FENSTER VORBEI, UND DER ZUFALL WOLLTE ES, DASS GERADE HIER EINE HALTESTELLE WAR. DIREKT VOR MEINEM FENSTER.
JEDESMAL WENN EIN ZUG HIELT, WURDE ES TAGHELL IM ZIMMER, UND ICH HATTE EINE GANZE WAGENLADUNG GESICHTER VOR MIR NUTTEN, ORANG-UTANS, BASTARDE, IRRE, KILLER

SIE HOCKTEN DA UND STARRTEN MICH AN. WIE DAS JÜNGSTE GERICHT. ICH HATTE DEN WEIN WIRKLICH NÖTIG.
DAS HAUS GEHÖRTE EINEM JÜDISCHEN EHEPAAR. SIE HATTEN EINE SCHNEIDERWERKSTATT PLUS REINIGUNG ÜBER DER STRASSE. AM NÄCHSTEN TAG BESCHLOSS ICH, MEINEN ANZUG REINIGEN ZU LASSEN. ES LIESS SICH NICHT MEHR VERMEIDEN: ICH MUSSTE MICH IN SCHALE WERFEN UND MICH NACH EINEM JOB UMSEHEN.
...MÖCHT DAS ZEUG HIER WASCHEN LASSEN, ODER REINIGEN, ODER SO WAS...
SIE ARMER JUNGE! DAS SIND JA NUR NOCH FETZEN! DAMIT KÖNNTE ICH NICHT MAL MEHR DIE FENSTER PUTZEN... SAM?
YEH?
ZEIG DOCH DIESEM NETTEN JUNGEN MAL DEN ANZUG, DEN DER HERR NEULICH HIERGELASSEN HAT.
ACH JA... SO EIN HÜBSCHER ANZUG! ICH BEGREI NICHT, WIE IHN DER HERR EINFACH ZURÜCKLASSEN KONNTE...

ICH WILL EUCH MIT DEM REST DER UNTERHALTUNG VERSCHONEN. IN DER HAUPTSACHE BESTAND ICH DARAUF, DASS MIR DER ANZUG ZU KLEIN SEI. SIE BESTRITTEN DAS ENERGISCH. ICH SAGTE, WENN ER NICHT ZU KLEIN IST, DANN SIND EBEN DIE ÄRMEL ZU LANG.
SIEBEN DOLLAR-OKAY?
ICH BIN PLEITE.
NU, SAGEN WIR SECHS...
IMMER NOCH PLEITE.
ALS SIE AUF 4 HERUNTER WAREN, SAGTE ICH, SIE SOLLTEN MICH ERST MAL IN DAS DING REINKRIEGEN. SIE SCHAFFTEN ES IRGENDWIE. ICH GAB IHNEN DIE 4.
ICH GING ZURÜCK IN MEIN ZIMMER, ZOG MICH AUS UND KROCH INS BETT. ALS ICH WIEDER AUFWACHTE, WAR ES NACHT. ICH ENTSCHIED, DASS ICH MIR DRINGEND EINE FRAU ANGELN MUSSTE.
ALS ICH IN DIE HOSE STIEG, RISS SIE MIR AM GANZEN HINTERN AUF. NAJA, DACHTE ICH, DIE JACKE GEHT JA EIN STÜCK DRÜBER. ALS ICH IN DIE JACKE SCHLÜPFTE, GING DER ÄRMEL AN DER SCHULTER AB, UND EIN SCHMUDDELIGES SCHAUMGUMMIPOLSTER QUOLL HERAUS.
SCCCTT
SCCCTT
WIEDER MAL REINGEFALLEN. ICH PELLTE MICH AUS DEM, WAS VON DER KLAMOTTE NOCH ÜBRIG WAR, UND BESCHLOSS, DASS ICH MAL WIEDER DIE TAPETE WECHSELN MUSSTE.

ICH FAND EIN ANDERES ZIMMER. MAN MUSSTE EIN PAAR STUFEN RUNTERGE-HEN UND SICH ZWISCHEN DEN MÜLLTON-NEN DER ANDEREN MIETER DURCHZWÄ
GEN. NA, DAMIT KAM ICH MEINER EBENE SCHON NÄHER. IN DER ERSTEN NACHT, NACHDEM DIE BARS DICHTGEMACHT HATTE
STAND ICH VOR MEINER TÜR UND STELLTE FE
DASS ICH DIE SCHLÜSSEL VERLOREN HAT
UM MIR NICHT DEN ARSCH ABZUFRIEREN STIEG ICH IN EINEN BUS UND FUHR DUR
DIE GEGEND.
SCHLIESSLICH SAGTE DER FAHRER 'ENDSTATION'. ICH STIEG AUS. ES WAR NACH WIE VOR ELEND KALT.
ICH STAND VOR DEM VANKEE-STADION. MEIN GOTT, DACHTE ICH, HIER HAT LOU GEHRIG GESPIELT. DER HELD MEINER KINDHEIT! UND JETZT SOLL ICH HIER DRAUS-SEN VERRECKEN! NACH EINER WEILE ENT-DECKTE ICH EIN CAFÉ UND GING REIN. LAU-TER SCHWARZE KELLNERINNEN, ALLE EIN BISSCHEN JENSEITS DER BESTEN JAHRE. ABER DIE KAFFEETASSEN WAREN GROSS, UND EINE DOUGHNUT PLUS KAFFEE KOSTE-TE SO GUT WIE NICHTS...
ICH SETZTE MICH DAMIT AN EINEN TISCH...
...SCHLANG DIE DOUGHNUT RUNTER, SCHLÜRFTE EINEN MUNDVOLL KAFFEE...
UND STECKTE MIR EINE KING-SIZE INS GESICHT. PLÖTZLICH HÖRTE ICH STIMMEN:
PRAISE THE LORD
OH PRAISE TH
LORD BROTH

DIE KELLNERINNEN WAREN DABEI, MICH ZU LOBPREISEN, UND EINIGE KUNDEN EBENFALLS. WIE SCHÖN. DIE LÄNGST FÄLLIGE ANERKENNUNG. ATLANTIC MONTHLY UND HARPER'S BAZAAR KONNTEN SICH ZUM TEUFEL SCHEREN. ICH LÄCHELTE SIE ALLE AN UND ZOG GENÜSSLICH AN MEINEM GLIMMSTENGEL.
PRAISE THE LORD
PREISE THE LORD
BROTHER
LORD
LORD
PRAISE THE
PRAISE TH LORD
IM HAUSE DES HERRN WIRD NICHT GERAUCHT, BRUDER!
FATHER DIVINES MIS
ACH DU SCHEISSE!
DRAUSSEN SAH ICH DAS TRANSPARENT ÜBER DEM EINGANG.

ICH MACHTE MICH AUF DEN LANGEN WEG NACH HAUSE. ALS ICH ANKAM, DRÜCKTE ICH AUF SÄMTLICHE KLINGELN, ABER NIEMAND ÖFFNETE. SCHLIESSLICH MACHTE ICH MIR'S AUF DEN MÜLLTONNEN BEQUEM.
FAIN TING
BILLARDS
AM NÄCHSTEN TAG ZOG ICH MIR EINEN JOB AN LAND. UND AM ABEND ERSCHIEN ICH ZITTRIG UND VERKATERT ZUR ARBEIT. ZWEI ALTE KERLE SOLLTEN MICH EINWEISEN. SIE HATTEN DEN JOB SCHON, SEIT MAN DIE U-BAHN ERFUNDEN HATTE. (BZW. DIE HOCHBAHN, WIE SICH HERAUSSTELLEN SOLLTE)...
IN NEW YORK HAM ALLE LEUTE SOLCHE KLEINEN, GRÜNEN WANZEN...
WAS DU NICHT SAGST...
DU WIRST SIE SEHN. AUF DEN SITZEN. WIR FINDEN SIE JEDE NACHT AUF DEN SITZEN.
YEH.

JETZT SCHAU HER. JEDER KARTON HAT NE KLEINE NUMMER. WIR NEHMEN DIE ALTE ANZEIGE RAUS UND SETZEN DIE NEUE MIT DER GLEICHEN NUMMER REIN.
PRIMADO
HAVANA CIGAR
FLIP-FLIP... DIE HALTERUNG WURDE GELÖST...
... DIE ALTE WERBUNG FIEL RAUS, DIE NEUE WURDE REINGEHAUEN...
...UND FLIP-FLIP, DANN WAR DIE HALTERUNG WIEDER FEST.
JETZT VERSUCH'S DU MAL.

WIRST ES SCHON HIN-KRIEGEN.
VERFLUCHTE SCHEISSE!
WIR ARBEITETEN UNS DUR
DEN WAGEN. DANN KLETTE
TEN WIR RAUS, UND DIE O
GINGEN WEITER. ÜBER D
SCHWELLEN. DIE SCHWELL
WAREN MINDESTENS EINE
METER AUSEINANDER. E
MENSCH KONNTE DA BE
QUEM DURCHFALLEN.

R WAREN GUT 25 METER ÜBER
R STRASSE. AUF DEM ANDEREN
EIS FUHR GERADE EIN ZUG EIN.
LICHT, DAS AUS SEINEN WAGEN
L, KONNTE MAN DIE ZWISCHEN-
UME SEHR SCHÖN SEHEN.
LOS, MACH SCHON! WIR HAM ES EILIG!

SCHEISS AUF EURE EILE !!
ICH TASTETE MICH VORAN - SCHWINDELIG, VERKATERT, BENOMMEN... EIN SCHRITT... NOCH EINER... NOCH EINER...
DANN FUHR DER ZUG DRÜBEN AB, UND ES WURDE DUNKEL, WIE IN EINER BESENKAMMER. NOCH DUNKLER SOGAR. ICH KONNTE NICHT MEHR VOR UND NICHT MEHR ZURÜCK.
GUNS

NA LOS DOCH!
WIR HAM NOCH MEHR WAGEN
ZU MACHEN!

WAS'N LOS, MANN ?
MEINE AUGEN GEWÖHNTEN SICH LANGSAM AN DIE DUNKELHEIT. ICH TASTE TE MICH VORSICHTIG WEITER. MANCHE SCHWE LEN WAREN ANGEFAULT, ANDERE RISSIG UN VOLLER SPLITTER. JEDER SCHRITT KONNTE MEIN LETZTER SEIN. ALS ICH DIE BEIDEN KNACKER ERREICHTE, SCHMISS ICH IHNEN DEN KRAM VOR DIE FÜSSE.
WAS LOS IST? ICH **SCHEISS** DRAUF!!
WIESO? WAS PASST DIR NICHT?
EIN FALSCHER SCHRITT, UND MAN HAT SICH DAS GENICK GEBRO-CHEN! IST DAS EUCH DEP-PEN NICHT KLAR??
HIER HAT SICH NOCH KEINER WAS GEBROCHEN.

WAHR-SCHEINLICH WEIL KEINER SOVIEL SÄUFT WIE ICH. SO, UND JETZT SAGT MIR MAL, WIE MAN HIER WIEDER RUNTERKOMMT.
TJA, DA DRÜBEN GEHT NE TREPPE RUNTER. ABER DA MUSS MAN ÜBER DIE GLEISE GEHN. UND DAS HEISST, MAN MUSS ÜBER ZWEI ODER DREI HEISSE STEIGEN...
FUCK IT. WAS SIND 'HEISSE'?
DA FLIESST DER SAFT DRIN. WENN DU DA DRANKOMMST, BIST DU HIN.
ZEIG MIR, WO MAN RÜBERGEHT.
DA VORNE. ABER PASS AUF DIE HEISSEN SCHIENEN AUF. WIE GESAGT: WENN DU DRANKOMMST- PFFFT!
BEDANKE MICH, GENTLEMAN.

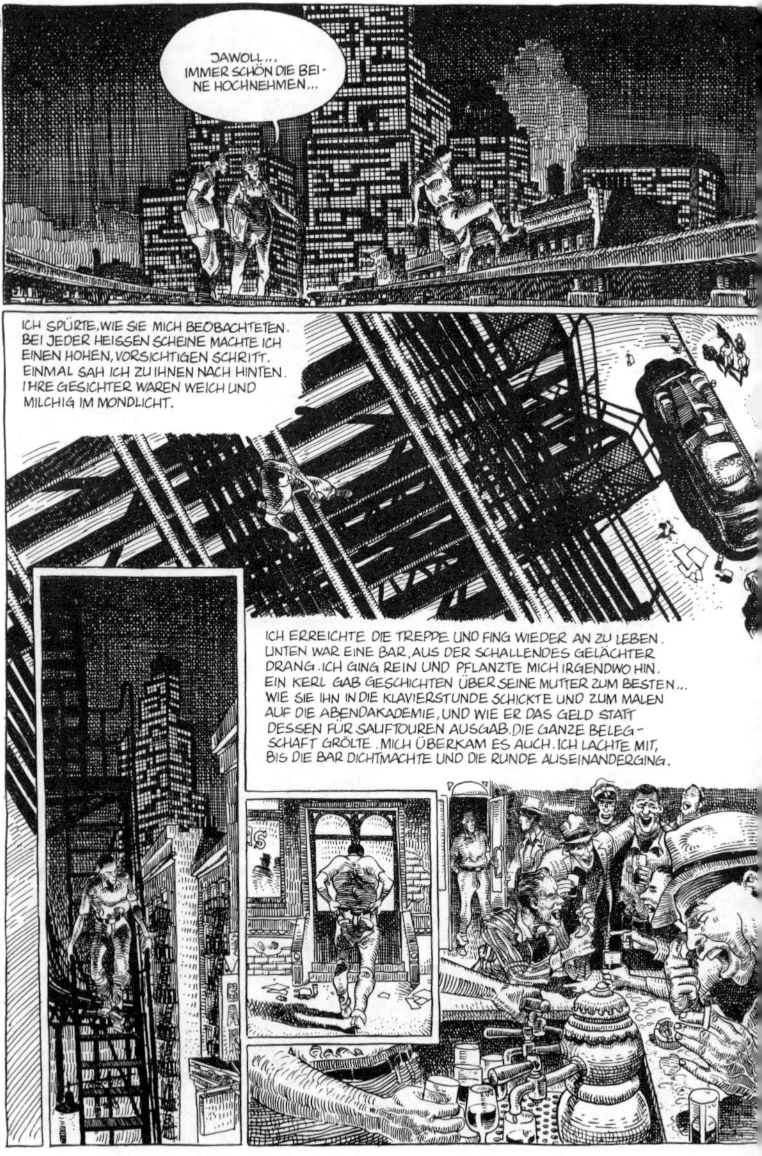
JAWOLL...
IMMER SCHÖN DIE BEI-
NE HOCHNEHMEN...
ICH SPÜRTE, WIE SIE MICH BEOBACHTETEN. BEI JEDER HEISSEN SCHEINE MACHTE ICH EINEN HOHEN, VORSICHTIGEN SCHRITT. EINMAL SAH ICH ZU IHNEN NACH HINTEN. IHRE GESICHTER WAREN WEICH UND MILCHIG IM MONDLICHT.
ICH ERREICHTE DIE TREPPE UND FING WIEDER AN ZU LEBEN. UNTEN WAR EINE BAR, AUS DER SCHALLENDES GELÄCHTER DRANG. ICH GING REIN UND PFLANZTE MICH IRGENDWO HIN. EIN KERL GAB GESCHICHTEN ÜBER SEINE MUTTER ZUM BESTEN... WIE SIE IHN IN DIE KLAVIERSTUNDE SCHICKTE UND ZUM MALEN AUF DIE ABENDAKADEMIE, UND WIE ER DAS GELD STATT DESSEN FÜR SAUFTOUREN AUSGAB. DIE GANZE BELEG-SCHAFT GRÖLTE. MICH ÜBERKAM ES AUCH. ICH LACHTE MIT, BIS DIE BAR DICHTMACHTE UND DIE RUNDE AUSEINANDERGING.

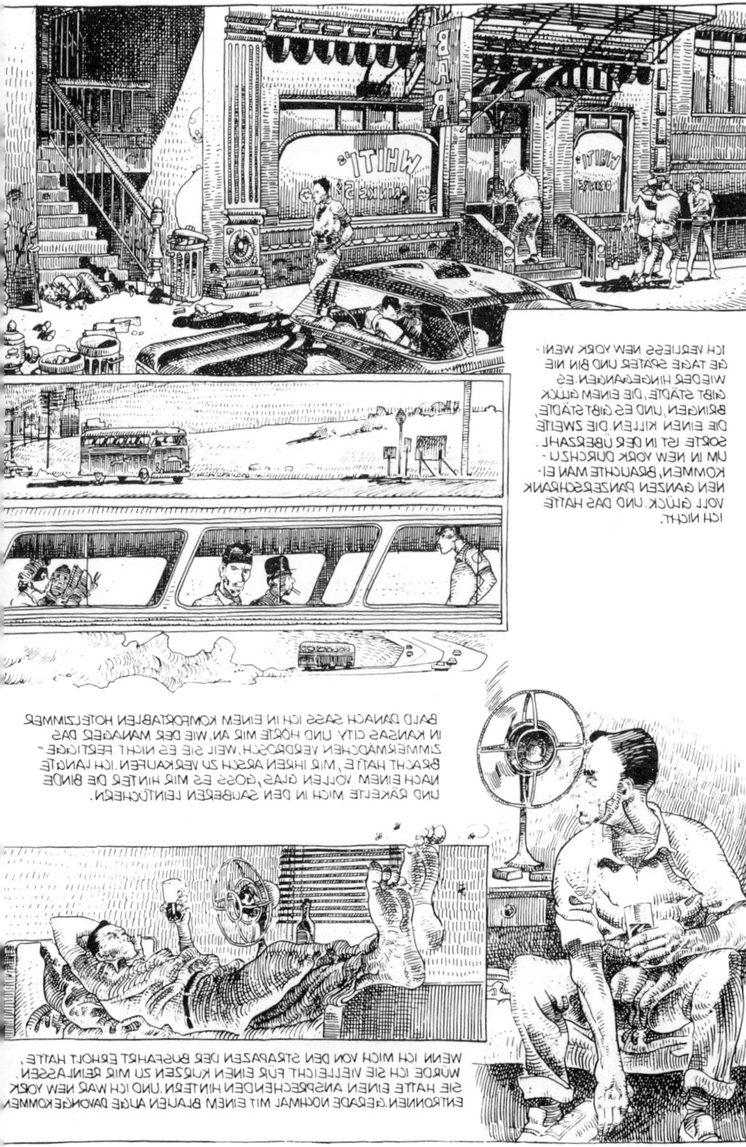
BAR
ICH VERLIESS NEW YORK WENIGE TAGE SPÄTER UND BIN NIE WIEDER HINGEGANGEN. ES GIBT STÄDTE, DIE EINEM GLÜCK BRINGEN, UND ES GIBT STÄDTE, DIE EINEN KILLEN. DIE ZWEITE SORTE IST IN DER ÜBERZAHL. UM IN NEW YORK DURCHZUKOMMEN, BRAUCHTE MAN EINEN GANZEN PANZERSCHRANK VOLL GLÜCK. UND DAS HATTE ICH NICHT.
BALD DANACH SASS ICH IN EINEM KOMFORTABLEN HOTELZIMMER IN KANSAS CITY UND HÖRTE MIR AN, WIE DER MANAGER DAS ZIMMERMÄDCHEN VERDROSCH, WEIL SIE ES NICHT FERTIGGEBRACHT HATTE, MIR IHREN ARSCH ZU VERKAUFEN. ICH LANGTE NACH EINEM VOLLEN GLAS, GOSS ES MIR HINTER DIE BINDE UND RÄKELTE MICH IN DEN SAUBEREN LEINTÜCHERN.
WENN ICH MICH VON DEN STRAPAZEN DER BUSFAHRT ERHOLT HATTE, WÜRDE ICH SIE VIELLEICHT FÜR EINEN KURZEN ZU MIR REINLASSEN. SIE HATTE EINEN ANSPRECHENDEN HINTERN. UND ICH WAR NEW YORK ENTRONNEN. GERADE NOCHMAL MIT EINEM BLAUEN AUGE DAVONGEKOMMEN.

Das Mädchen von der Bushaltestelle

Ich sah sie, als ich auf der
Überholspur des Sunset Boulevard
in östlicher Richtung fuhr.
Sie saß auf der Bank,
die Beine locker übereinander,
und las ein Taschenbuch.
Stammte wohl aus Italien oder
Griechenland. Oder Indien.
Ich mußte an einer Ampel
halten, und ab und zu
blies ihr ein Windstoß
den Rock hoch. Ich war direkt
gegenüber von ihr und sah ihr
zwischen die Schenkel rein.
So etwas von makellos perfekten
Beinen hatte ich noch nie
gesehen. Ich bin sonst eher
gehemmt, aber diesmal starrte
und starrte ich, bis der Mensch
im Wagen hinter mir auf die
Hupe drückte.

So ein starkes Erlebnis war es
bis dahin noch nie gewesen.
Ich fuhr um den Block, dann
auf den Parkplatz des Supermarkts
direkt gegenüber von ihr
und starrte durch meine Sonnenbrille
wie ein Schuljunge in seiner ersten Erregung.

Ich prägte mir ihre Schuhe ein
ihr Kleid
ihre Strümpfe
ihr Gesicht.
Autos fuhren vorüber und
blockierten mir die Sicht.
Dann sah ich sie wieder.
Der Wind flippte ihr den Rock
über die Schenkel hoch
und ich fing an, mein Ding
zu massieren.
Kurz vor dem Bus
kam es mir.
Ich roch meinen Saft,
spürte ihn, naß, durch die
Hosen.

Es war ein häßlicher
weißer Bus, und er
nahm sie mir weg.

Ich fuhr vom Parkplatz
herunter und dachte:
Ich bin ein Spanner.
Aber wenigstens habe

ich mich nicht unsittlich
entblößt.

Na schön, bin ich eben
ein Spanner. Aber
warum tun die das? Warum
sehen sie so aus?
Warum lassen sie den Wind
so etwas tun?

Zuhause zog ich mich aus,
nahm ein Bad, stieg aus
der Wanne, frottierte mich
ab, stellte die Nachrichten
an und wieder aus
und schrieb
das hier.

Quellennachweis

›Ein Dichterleben‹ aus: *Schlechte Verlierer;*
Copyright © 1972 by Charles Bukowski,
Copyright © für die deutsche Ausgabe by Maro Verlag,
Benno Käsmayr, Augsburg 1977.
Aus dem Amerikanischen von Carl Weissner

›Die Große Zen-Hochzeit‹ aus: *Kaputt in Hollywood;*
Copyright © 1972 by Charles Bukowski,
Copyright © für die deutsche Ausgabe by Maro Verlag,
Benno Käsmayr, Augsburg 1976.
Aus dem Amerikanischen von Carl Weissner

›Die schönste Frau in der ganzen Stadt‹,
Copyright © 1972 by Charles Bukowski,
deutsche Rechte by Maro Verlag, Benno Käsmayr, Augsburg 1984.
Aus dem Amerikanischen von Rainer Wehlen

›Die Bettdecke‹,
Copyright © by Charles Bukowski,
deutsche Rechte by Maro Verlag, Benno Käsmayr, Augsburg 1984.
Aus dem Amerikanischen von Rainer Wehlen

›Ein Genie‹ aus:
Gedichte die einer schrieb bevor er im 8. Stockwerk aus dem Fenster sprang;
Copyright © 1974 by Charles Bukowski,
Copyright © der deutschen Ausgabe by Maro Verlag,
Benno Käsmayr, Augsburg 1979.
Aus dem Amerikanischen von Carl Weissner

›Ein Abstecher nach New Orleans‹
›Henry Beckett‹